教育艺术随想录

增/补/版

Random Thoughts on Education

李希贵 著

中国人民大学出版社
·北京·

写在前面

近年来，有不少朋友建议重版我的第一本著作《教育艺术随想录》，理由是，其中的教育理念到今天尚未过时，且其中提出的许多方法依然具有实操性，适合教育同行借鉴。

于是，我自己又打开了这本20年前的小册子，重温那个年代我在高密一中做校长时的工作和生活。

说实话，在那本书里，既有经年累月的费神劳心，又有心血来潮的标新立异，也有盲目自负的简单粗暴。孤立地看，每一篇文章里所创造的方法的确能够解决一些实际问题，但一旦放大到一个组织系统中，拿来在全校范围内推行，则立刻会变得问题多多，如果今天再去简单地把这些方法推荐给各位同行，已有诸多不妥。

为了既尊重朋友们的建议，又不至于给同行们带来误导，利用今年寒假的时间，我在原有的每篇文章后面撰写了长短不一的续篇，这些大都是我走进北京十一学校之后与同事们的最新探索，有对20年前的修正，也有完善与拓展。如果读者能在两两对比中有所启迪，就达到了这次增补的意义。

许多朋友可能会关心一个问题：从高密一中到北京十一学校，今昔20年期间最大的变化是什么？其实，从具体的教育、教学和管理方式里，也许很难发现什么根本性变化，但有两点却是所有变化的前提。一是对教育目的的再认识。20年前的教育，工具论尚占主导，对个性的关注和敬畏还远远没有走心入脑。而今天，如何面向每一位学生，帮助他们唤醒自我、发现自我，并最终成为自我，已渐成校园里的主旋律。有了这样的教育目的，任何教育方法的使用都应当格外小心，个别化的因材施教必然成为我们的选择。

与此相关的另一点是，我们当然更需要重视学生作为教育主体自主选择的力量。没有他们对自我成长目标的渴望，没有他们自主体验的求索，教育就难以发生。单纯来自教育者的殚精竭虑和一厢情愿，其实并不能产生真正的教育。我们切不可把自己想象得过于强大，更不可迷信固有的教育模式和管理方法。

如果说 20 年的教育生活让我有一点成长、进步，不过如此而已。

2017 年 8 月 11 日

目录

| 第二辑 |
在老师心目中，不应该有坏学生，只可能有心理不健康的学生

| 第三辑 |
教育，最终给学生留下什么

目录

第四辑
让学生学会把握自己

第五辑
让每个学生都获奖

第六辑
让学生唱主角

| 第七辑 |
让学生在活动中经受道德磨炼

| 第八辑 |
在造就学生的同时成就自我

前言　教育价值论

在长期的学校工作实践中，我们常常对自己年复一年、日复一日的教育教学工作的价值有一种“不识庐山真面目”的感觉。这不仅拘于我们自身教育理论的高度，也源于我们在这个问题上长期以来的争论不休。教育工作的立足点、着眼点，教育的价值到底在哪里，这是教育工作者首先应该明确的一个问题。

一

毫无疑问，教育的价值不管到什么年代，也不管在哪一个国度，都应该是造就人才。这应当成为所有教育活动的最终追求。西方美学家用“T、X、O”来说明一个完美人才的标准：“T”的“—”是知识的横向和广博，“I”是纵向的跨越；“X”是指知识的多元化和辐射面；“O”则是对人才“完美”的形象要求。当然，这样一个人才培养的任务，在目前我们所面对的人才成长环境和人才培养基础的情况下是难以完成的。但是，在制订人才培养标准的时候，我们却不应当因此而大打折扣。无须回避，在我们目前的学校工作中，人们提得比较多的人才标准是“合格加特长”，要施行的教育是“素质教育”，这些提法从理论上讲是无懈可击的，问题是在我们的教育实践中，人们到底能理解到什么程度、落实到什么程度，这恐怕就十分需要我们认真思索。不管我们愿不愿意承认，在我们的许多学校中，把“合格加特长”理解为“及格加特点”的并不在少数。如果把基础教育中文化课学习的标准定在“及格”上，且不说由于标准太低必然会产生大批的不及格，即使目前要培养特长、将来要继续发展特长都缺乏应该具有的基本的根基。尤其需要我们重视的是，在对“素质教育”的理解和实践上，严重淡化了科学文化素质在全部人才素质中的重要地位。许多时候，我们从一些正式教育出版物上看到的和在许多教育主管部门召开的素质教育经验交流会上听到的素质教育工作，竟至于对科学文化素质的培养只字不提，似乎只有唱唱歌、跳跳舞、练练书法、弹弹吉他这一些东西才是学校教育工作应该抓的素质，这未免又明显地失之偏颇。

事实上，教育的任务是为富民兴国的大业造就人才，而造就的人才要真正能够担负起富民兴国的现实和历史的重托，就容不得我们忽视或淡化科学文化素质的培养。许多西方发达国家尽管实行每周工作五天已经几十年却不想变动学校学习时间就是一个很好的明证。缜密的数学逻辑、瞬息万变的理化实验、取代成千上万人工作的电脑，把偌大的地球变成人们可以随时交流甚至随时见面的村庄。我们中华民族乃至全世界几千年文明积淀的优秀文化传统更在无声地提醒现代人类注意“人是什么”这一严肃的人生第一课题。很明显，素质可以有很多，但科学文化素质却是一个民族，尤其像我们这样一个着眼于经济腾飞的民族应当下功夫培养和强化的素质，教育的价值应该在这里体现得更深刻、更鲜明，这才符合我们教育事业的本质。

二

在造就人才的教育活动中，有一些现象很值得我们反思。英国的著名将领威灵顿在击败拿破仑之后说：“滑铁卢战役是在英国的公学里打赢的。”有人问日本客人战后崛起的原因，得到的回答是靠的是每位国民的坚韧不拔和危机意识。这样一来，在造就人才的整个过程中。我们如果忽略了意志品格的锻造培养，人才培养也就难以完成。

有一位高三的女学生曾经告诉我们一些“奇怪的事”：“有些事情我一开始就咬牙一定完成，于是就完成了；有时候，面对一些难题自己先动摇了，效率一下子也就没了。”这其实一点也没什么奇怪的，意志品格在这里主宰了沉浮。高密四中在确定校训的时候，曾经费了很长时间，最后教代会、学代会的意见达成一致，叫“永不屈服”。就是说，要求我们的每一位师生，都要养成在困难和挫折面前永不屈服的品格，都能够正视艰难困苦，直面挫折、失败。我们始终认为一个真正的人才，要献身于一项事业，缺少这样一种意志品格，就很难有什么大的作为。我们要造就真正能够为国争光、为民分忧的人才，就不能不在这样一些意志品格的锻造上下功夫。我们在新生入学教育中坚持的原则就是“无法忍受，可以做到”，从学习常规到生活常规的高密度、大容量的训练使学生产生大量的失败感，而最终在老师的正确指导下通过自己本身的不懈努力升华为成就感，使良好的意志品格得到强化。在体育课教学中，我们所看重的教育价值远不仅仅在强身健体上，更看重的是“磨炼品格”，生活上、工作中需要的互助精神、竞争意识、坚韧品格要从操场上培养。这样一来，教育价值的深度就得到了挖掘，我们每一个教育工作者所担负的任务和我们“人类灵魂工程师”的称号就十分自然地统一起来了。

三

邓小平同志在给北京景山学校的题词中有“三个面向”的要求，其中的“面向未来”告诉我们，教育的价值要在教育者的未来和社会的未来中体现出来。这样的教育价值才是真正有意义的，显然也就要求我们应当在今天的教育中设计出未来的标准和要求。

我们不能说“升学教育”没有面向未来的因素，因为考试的导向尽管还需要进一步完善，但更多的还是要求我们在平时的教学中预见未来需要的知识。

我们也不敢说现在有些所谓素质教育就是真的面向未来了，因为在还没有掌握起码的科学文化知识的情况下过早地“定向发展特长”，那“特长”可能就会成为随时断线的风筝。不用太遥远的未来，即使三年五年，当工作需要我们的学生或进一步发挥特长，或改变岗位以适应新的挑战时，都可能因科学文化素质的底子不厚而成为新一代“文盲”。

我们在设计人才培养目标的时候，把面向未来的要求具体化，提了一个“为四十岁做准备”的要求。我们所面对的受教育者再过20年就是40岁，在社会的发展进程中，20年往往就是一次时代的跨越，对人才的要求也往往会发生一个较大的变化。当我们面对家用电器上的开关旋纽还茫然不知所措的时候，计算机的屏幕又实实在在地给我们有力的一击。很明显，现在应该学什么，对20岁的青年人来说绝不仅仅是学现在急需的，更重要的还应该是为未来奠基，因为无论从人才成长的规律还是从社会对人才的要求来说，40岁也往往是一个人对社会有所作为的黄金时期。教育的着眼点放在这样一个位置上，“面向未来”成为一种具体的落实，教育价值的体现也就显得有较重的分量。

基于20年以后将是全新的生命科学的时代，我们今天的生物课就不应该因为高考不考的原因而放弃；20多年以后到日本的东京也许会像到云南的昆明一样方便，在今天学外语的黄金年龄我们就完全有必要腾一点时间学一学第二外语，如日语、俄语、朝鲜语。

如果我们的学生在40岁的时候能够说：“幸亏当初我们的老师、我们的学校、我们的教育……”，那我们教育的价值不就得到了一个很好的历史性证明吗？

当想到这些的时候，我深深地感到了作为一个校长责任的重大，我在学校工作的点点滴滴才显示出了神圣和崇高，才有了本书记下的虽不系统但却是真情实感的一个个片段……

1998年6月

第一辑

靠机制创造公平

1990年，我走上了校长这个领导岗位。由于一直在第一线从事教学工作，深知老师们对公平的珍重与渴望，因此，一上任就把创设公平的学校环境放在心上。我做了许多努力，总想在所有事情的处理上，用一个“人人都满意”的办法，找一条“个个都赞成”的路子。事实上这根本不可能，许多时候，往往是这也不好，那也不是，按下葫芦起了瓢。从公平的愿望出发，却招来了更多不公平的非议，于是，我陷入了深深的烦恼之中。

一个偶然的机会，我在管理学书籍上看到了这样一句话:“绝对的公平是没有的，但领导者的行为应该是公平的。”那么，领导者行为的公平该从哪里来呢？于是，我开始了对学校机制建设的探索。

1991年，潍坊市教委把“四制”改革的试点工作交给了高密一中，很明显，改革的难点在教职工聘任制上。为此，我走访了省内外许多知名学校，拜见了不少富有经验的老校长，有些好心人嘱咐我，当校长的，“四制改革”只能搞三制，这教职工聘任制可不能太认真，不说聘谁不聘谁，就是掂掂谁轻谁重，也不一定就你校长那杆秤准！回家想一想，说得也确实在理。可是，如果在聘任这件事情上掂不出谁轻谁重，在“四制”改革中把聘任制走了过场，这改革肯定又会应了那句老话——“雷声大，雨点小”。校长这杆秤不准或者说不十分准，那是不是可以搞到一杆公平秤呢？这杆公平秤就是后来在学校改革方案中形成的“分层聘任，双向选择”的聘任机制。这个机制规定，在聘任过程中，校长只聘任学校的中层部门负责人，教职工由中层部门负责人选聘；尤其重要的是，中层部门与教职工的选择是双向的，任何一个教职工都可以面向全校所有中层部门的任何一个岗位填报志愿，而中层部门的负责人也有聘与不聘的自主权。基于这样的机制，一个教职工被聘任到什么岗位，或者说是不被聘任，大都没有在公平不公平的问题上兜圈子。校长这杆感情上的公平秤悬置了，靠机制这杆硬邦邦的公平秤把领导者的行为公平化了。

当然，创造公平，还应赋予公平一些新内容。长期从事学校管理工作的同志都清楚，在学校工作中令人十分头疼的一件事就是评先进与晋升职称，搞不好往往会带来若干后遗症。许多学校为了所谓的公平起见，常常画杠杠、卡条条，先进轮流当，晋职论年长，结果把人们的积极性全都磨光了。显然，“公平”的背后掩盖着极大的不公平。我们感到，在评先进与晋升职称这个问题上要创造公平，就必须在条件的要求上加大工作业绩的比重，让人们十分明确地感到要评先晋职就必须追求工作业绩。一个讨论热烈的教代会之后，我们产生了《评选先进晋升职称的规定》。这之后的评先进晋升职称变得十分简单了，既不卡条条，也不画杠杠，一个工作小组按《规定》照工作业绩就可以“算”出来，谁要想在公平中冒冒尖，努力工作就没问题了。这个公平环境不仅人人都服气，也对学校工作起到了任何简单号召都起不到的推动作用。

作为校长，总想一碗水端平，可是，这碗水要端平却常常不是靠愿望、靠感情，许多时候需要靠机制。靠机制创造公平，这是我最深的感受和最大的收获。

今日反思

一　双向选择的聘任制，到现在仍然是我“自鸣得意”的管理策略之一，它至少解决了以下几个问题。

1. 消化了聘任双方的矛盾。
2. 尊重了教职工选择的权利，有利于让他们找到自己喜欢或适合的岗位。
3. 有利于促进聘任双方反思成长。
4. 有利于适合的人组成合适的团队。
5. 聘任作为综合而有力的评价，省去了管理特别是评价中的若干繁文缛节。

二　《评选先进晋升职称的规定》，也是当年自己挺得意的工作，到今天在十一学校也基本沿用了这一方式，但对这个问题，我又有了一些新认识。

1　不是所有的事情都适合评先进，应尽量少评先进。许多时候，学校生态都是因为甄别好坏而被破坏的，因而，在什么领域、以什么方式评选先进，需要认真研究，小心操作，不可随意为之。即使应该评选，表彰方式也要慎重。大部分表彰不宜在全校范围内举行，邀请被表彰的人员举行一个温馨而小规模的活动，效果更好。

2　目前的职称晋升已经成为一个怪胎，它让原本需求多元的教师，因为只有一种可以证明自身价值的高利害通道而斤斤计较，所以，学校应该淡化职称的价值，不要什么利益都与职称挂钩。有条件的话，如北京十一学校，则实施校内职称。只要达到国家规定的条件，可自然晋升为相应的级别，但决定薪酬的却是每个人的实际岗位，也就是干什么工作享受什么待遇。

三　公平是我初当校长一直很苦恼的事，所以用了这个题目作为第一部分，那个时间，有点把公平当目标的倾向。今天看来，公平不过是学校工作的基础，我们必须站在更高的角度思考公平的导向。为了什么样的追求，我们搭建什么样的公平的平台，在起点上就应该有围绕目标的思考。

职务、责任、利益

教师职务聘任制

实施学校内部的教师职务聘任制,是为了破除过去职称评定中的论资排辈、职责分离，通过职务、责任、利益最大限度地挂钩，激发教师教书育人的积极性，以增加学校活力。

高密一中的聘任制有意区别于原有职称，规定了十个不同的教师职务，即见习教师、三级教师、二级教师、一级教师，初级骨干教师、中级骨干教师、高级骨干教师，副主任教师、主任教师，特级教师。每个职务要履行相应的职责，如，热爱学生，有较好的师德修养，熟悉本学科教学大纲，明确教材内容及各部分的联系，担任一门课的全程教学任务等十项基本职责为教师的基本职责。在此基础上，每多完成几项更高要求的职责，即可高聘一级。重要职务的聘任有特殊规定，如应聘初级骨干以上职务，必须能够开设一门选修课，或指导一个兴趣小组；如应聘副主任以上职务，必须能主持一项教科研课题，并取得一定的研究成果。分配制度与聘任相对应，职级不同，报酬不等。

实行教师职务聘任制，解决了长期存在的分配不公的问题，理顺了教学关系，它的好处有：一、打破了论资排辈的职称评定办法，有利于调动中青年教师的积极性。这个条例没有学历、年限的限制，只有工作态度、工作能力、工作水平的要求，只要你能行，符合条件，不管原来职称高低，都可以得到较高的职务。二、打破了分配中的平均主义，实现了多劳多得、质优酬高的分配原则。我们在不同职级的分配中有意拉大了报酬差距，目的就是利用经济杠杆的作用，鼓励先进，支持先进。三、这种机制产生了积极、良性的导向作用。广大教师通过自身素质提高、不断充实自身含金量即可达到高聘的目标，实现人生价值，他们的学习热情、工作热情空前高涨。

靠人的主观意识创造的公平，常常是自以为是的公平；靠机制创造的公平，才是令人信服的真正的公平。

今日反思

一　以下是高密一中和北京十一学校的教师职务等级图系和各类等第教师职责素质要求的相关文件，从中我们可以看到最初的架构和发展至今的变与不变。

1. 高密一中教师职级

荣誉职务　特级教师

高级职务　主任教师　副主任教师

中级职务　高级骨干教师　中级骨干教师　初级骨干教师

初级职务　一级教师　二级教师　三级教师　见习教师

2. 北京十一学校教师职级

特级教师

学科带头人　一级　二级　三级

骨干教师　一级　二级　三级

基础教师　一级　二级

3. 十一学校各类等第教师职责素质要求文件。

学科带头人教师一级资格条件

一、教学业绩

1. 具有高中或初中年级至少两轮小循环的教学经历。

2. 所带团队，当年中、高考教学业绩评价等级达3A。

二、引领作用

1. 担任教研组长、学科主任、年级主任或教育教学管理工作。

2. 在校内外做过有一定深度的学术、教育教学经验报告或教材教法分析并获得较高评价，并向全校教师开放自己的课堂。

3. 教育、教学经验资料（含教案、课件、试题等）通过学校教育教学资源库面向全校教师开放。

4. 每年培养、指导教师至少一人。

三、专业素养（以下条件至少满足三条）

1. 主持过学校的项目研究并获验收通过。

2. 在本学科课程建设与课程开发方面，形成一定的成果，得到学校课程委员会的认可。

3. 三年内至少有一门选修课被评为学校精品选修课。

4. 指导学生社团，成绩突出，获得学校认可。

5. 辅导学科竞赛（国家认可的）或科技创新，成绩突出，获得学校认可。

6. 在省市级以上刊物有独立作者或第一作者的两篇论文（含教学设计、习题研究等）公开发表，或在省市级教育学会论文（或教育行政部门组织的）评比中有两篇以上独立作者或第一作者的论文获一、二等奖或有个人专著公开出版（著者不能超过两人）或有两篇以上独立作者的论文获区级一等奖。

二　实行教师职务聘任制的几个条件

1 必须同步实施薪随岗变的措施。即多劳多得，绩优酬高，不然，单纯的聘任没有什么生命力。

2 分层聘任，消化矛盾。校长只负责聘任中层以上干部，各年级和各部门主管与全体教职工双向选择，校长不可干预基层的聘任工作，否则，矛盾容易集中到学校或校长身上。只有双向选择，落聘者才会心服口服。

3 明确各职务等第的基础条件，但给聘任者一定的空间。尽管达到基础条件的有很多，但聘任哪一位的权力应该归年级或者部门主管，而且有了明确的各岗位的基础条件，也可以引导教职工朝着这个目标去努力。

4 将国家评定的职称纳入档案。只有调离或退休才重新恢复原职称。

5 设立校内人才交流中心，将岗位聘任与劳动合同聘任区分。就是说，即使劳动合同未到期，但因为每年的岗位聘任落聘，本人又不愿意调离，那只能将关系放到人才交流中心，由学校给安排一个临时性工作，待遇只能享受最低工资标准。当然，如实行县考校用，教育行政部门设立人才交流中心更好。

三　注意事项

① 需要明确聘任的目的：不是为了产生落聘人员，而是为了促进教职工进步，聘任岗位的设置数应不少于实有人数。

② 需要科学规划的是骨干教师如何合理分布在不同年级。如，可以规定每个年级对某些学科的骨干教师只能聘任一定数量，以便为其他年级留下教学骨干。

③ 需要留有余地的是如何保护老教师的利益和待产期妇女。如，可以规定，聘一位距离退休 3 年以内的教师，可以给聘任单位一定的级别补贴等；待产期的教师不得落聘。

④ 需要配套考虑的是有了严格、规范的聘任制，就该淡化或减少对教师的高利害评价。

从教师职务中分离出来

职员分级聘任制

长期以来，对职员的使用与评价，往往同教师混在一起。不管在什么岗位上，统统聘为教师，食堂管理员、仓库保管员甚至司机都以教师的身份出现。职与责不符，责与利无关。由于名不副实，老师们有意见；由于职称偏低，职员们也没有积极性。为改变这种状况，我们在落实了“教师职务聘任制”后，顺理成章地进行了第二步改革——将教师与职员职务彻底分开，实行职员分级聘任制。

根据各职员岗位的工作性质、素质状况、技术含量高低、劳动强度大小等特点，我们将职员岗位划定为八个级别，实行逐级职员聘任制，岗位不同，职级不同，报酬也就不同。

对职员的聘任实行双向选择、竞争上岗的办法，聘期一年。学年初，学校根据各部门需要设岗，根据各部门设岗情况确定职级总数。增人不增职级，减人不减职级。因此，部门负责人在聘任时除根据申报人的思想素质、业务能力、工作实绩外，还要考虑应聘者申报的职级数。第二年的聘任，参考上年度的考核情况，工作成绩显著的职员，可以在新年度聘任中提高 1 ～ 2 个职级。被聘为高级职员的，享受与高级教师相同的待遇。

职员分级聘任制，其特点依然是靠机制创造一个公平竞争的格局。其优点是真正实现了教师与职员的职称分离。其直接效应是，促使高水平、有责任心的人向重要岗位流动，实现了学校内部人才资源的合理分配；德能责权利挂钩，改变了干多干少一个样、干好干孬一个样的现状。广大职员的服务意识强了，责任心强了，积极性也高了。

今日反思

一　高密一中和北京十一学校的职员分级图系类似

先看高密一中职员分级图表。

职级	对应岗位
高级	在八级岗位上有重大贡献的职员
6—8	教务科长　秘书科长　财务科长　现代教育技术中心主任 学生科长　校办产业项目经理（厂长）
5—7	物理实验室主任　化学实验室主任　图书馆馆长 老干科长　生活科长　基建维修科长　物业管理科长 卫生室主任　司机班班长
4—7	现代教育技术中心管理员　实验员　秘书　文书　教务员 干事　勤工俭学管理员　会计　出纳　医生　司机　电工
3—6	幼儿教师　资料员　档案管理员　图书管理员　校产保管员 木工　铁工　体育场地器械管理员　家属院管理员　瓦工 餐厅浴室管理员
1—5	值班员　传达员　园艺管理员　学生宿舍管理员
见习	不能胜任以上各岗位工作的职员　试聘人员

十一学校职员分级与高密一中类似，这样的分级办法，是建立在三个依据基础上的。一是工作的技术含量，譬如电教中心负责人、实验员、财务负责人，没有相应的专业能力，就无法胜任工作；二是工作繁重程度，譬如基建、物业管理、出纳等工作，就远比档案管理、资料管理繁重得多，大部分工作时间没有规律，额外任务较多；三是是否轮流值班，譬如医生、教务员、秘书科长，节假日都有很多值班任务。

这三个区分职员级别的依据，在当时基本没有什么争议，很容易形成共识。但是，今天看来，却有值得商榷的地方，比较明显的是，没有突出岗位的教育性在岗位级别确定中的地位。也就是说，那些与学生关联大、富有教育性的岗位，没有得到应有的重视。譬如学生宿舍管理员、图书管理员，这些岗位的重要性远没有得到认可。只有把这些岗位的级别提到应有的层次，相应的人员才会应聘到这样的岗位，也才能发挥这些岗位应有的育人作用。

所以，在学校里，确定任何一个岗位的地位，必须把岗位与学生的关系作为首先考虑的要素。

二　随着时代的发展，今天的职员岗位工作，应进一步向社会转移，让专业化公司的专业人员去做是未来的大趋势。因而，学校要逐步弄清哪些工作是可以实现社会化运行的。如果校内仍有担当此项工作的职工无法消化，可以协议转到承接公司去。

三　要重视对职员岗位技能的培训，不仅要重视诸如信息技术一类通识性新技能的培训，也要根据他们的选择，进行跨岗位技能的培训，以便他们在每年的聘任中灵活选择岗位，并形成竞争力。

创造一个选择的机制

信任投票与双向选择

聘任制可以调动教职工的积极性，但如果处理不好聘任者与被聘任者之间的关系，聘任制也会带来一些负面影响。如教职工可以被聘或解聘，而对部门领导如果缺少必要的监督与制约，那就很难保证聘任的公正。

信任投票解决了领导可以解聘职工而职工不能选择领导的矛盾。每年教职工聘任前，学校都要组织全校教职工对部门领导进行信任投票。若教职工对本部门的领导有半数以上投不信任票，则这个领导就无权继续担任本部门的领导工作。学校根据具体情况调离其原领导岗位，或降职、免职使用。

信任投票实现了真正的双向选择，以往在聘任中出现的不正之风也得以有效遏制，培育出了一个良性、合理的选择机制。

今日反思

如果说在高密一中时的“信任投票”是一种制衡型的机制创新，那么，在北京十一学校，我们将这样的制度设计明确写入了《北京市十一学校章程》，用这样的方式营造出更加安全的学校文化。

附：《北京市十一学校章程》第六条、第七条、第八条

第6条　教代会每年8月底对校长进行信任投票，采取无记名投票，并当场公布投票结果，达不到60%的信任票，校长必须自行辞职；达到60%但连续三年未达80%，校长也必须自行辞职。

第7条　教代会代表20人及以上提议，可临时召开教代会，提请对校长的弹劾或对有关政策方案修改的建议议程，经全体代表60%以上同意后，方可启动弹劾校长或修订政策方案的程序。

第8条　教代会每年8月底听取中层及以上干部述职，并进行无记名满意度测评，测评结果提交校长作为聘任干部的依据，对未达60%或达到60%但连续三年低于80%满意度的人选，新年度不得聘任为中层及以上干部。

不要简单地把这样的信任投票仅仅理解为对干部的监督，其实在这个过程中也是创造互信的文化。许多干部因为自己的不懈努力，在信任投票中增加了代表的信任率，本身就是对其价值的认可，更是促进自我提升的动力。

在制约中提高素质

聘任制中的一票否决

对教师职务级别聘任的权力在级部主任，但是聘任过程不能不加以控制。若不控制，容易出现滥用职权、任人唯亲的弊端。事实告诉我们，制约才能产生平衡，在聘任过程中，由德育处和教科所实行“师德”“科研”一票否决的办法，就是我们采取的制约手段。

一个教师，不论他有多高的学历，也不论他有多渊博的知识，如果不热爱自己的学生，没有高尚的师德，就不可能成为一名合格的教师。因而，我们将“热爱学生”“师德修养高”“品行成为学生的表率、深受学生爱戴”等结合《高密一中师德修养二十条》作为聘任不同职级教师的首要条件加以考虑，并向学生进行问卷调查，由德育处把关；凡不符合要求的，一票否决，重新聘任。

要全面提高教师素质，实现由经验型、苦干型教师向研究型、反思型教师的转变，机制就应该有意识地向我们倡导的方向引导。我们规定，能从教育教学实践中提出科研课题，并有计划地进行研究，取得一定成果的教师才能被聘为骨干教师，并由教科所把关，凡不符合本条规定而又聘任了相应职务的，一票否决，重新聘任。

“师德”“科研”一票否决的办法，保证了聘任过程的规范性，也为教师的发展创造了良好的导向。“师德”关，保证了一个教师的基本思想素质；“科研”关，保证了一个教师向更高层次发展的重要条件。

今日反思

由于对“师德”的认识不一，后来，在高密一中聘任工作中，主要是以每学期进行的“我最爱戴的老师”学生调查结果为依据，规定了被聘不同级别的老师，在“学生爱戴”中的得票率，级别越高，得票率要求也就越高。

后来发现，聘任级别高低有很多因素，如果过分强调学生爱戴的程度，且一票否决，会给优秀教师带来过大的压力，并导致一定后遗症。因而，一票否决的做法需要重新考量。在十一学校，我们只对师德出现严重问题的教师实行聘任级别降级处理，一年内有效。

现在，我们把“师德”的重点主要定义为“师生关系”，尽管不够严谨，但相对比较容易操作，基本能够反映实际状况。但“师生关系”调查不再作为一票否决的内容，而是作为促进教师自我成长的参考，当然也会一定程度地影响到聘任工作。而一票否决的依据，则已经有了教育部2008年修订发布的《中小学教师职业道德规范》和2014年发布的《中小学教师违反职业道德行为处理办法》。

科研工作一票否决，在高密一中最终没有严格实施。原因很简单，这项规定并不合理。让所有的中学教师都走向科研，并不适合每位教师的特点，也不是中学教师这个岗位必需的。现在想来，那时的我，有点急躁冒进，一心想快速提高教师素质，于是选择了那个时代轰轰烈烈的“科研兴校”旗帜下的诸多学校的“经验”。今天想来，成为研究型的教师并不意味着必须会做科研课题，另一方面，研究型教师的成长也必然是一名教师自我发现、自我唤醒后水到渠成的结果。

在十一学校，我们鼓励教师走属于自己的道路。我们虽然重视教育科研，但更倡导的是针对学生的研究、针对基于学生发展的课程研究等。但如果你深谙于自己的教学，并在日常教学中学会反思，也同样是一种研究能力。我们甚至在教育年会中引入“知识交易”，促成教师在教学中的创意产品化并产生交易，这同样也视为一种研究。

培养“导师”

班主任职务聘任制

一位优秀班主任就是一个教育家，优秀的班主任能够创造性地开展工作，为学生健康成长创造一个宽严有度、张弛相济、活泼与紧张相协调的良好环境。优秀班主任既是班级的组织者，更是学生的人生导师。但是，如果靠自然生长，达到这种境界的班主任往往是凤毛麟角。要提高班主任队伍的整体水平，必须靠政策引导，靠机制保证。为此，我们根据国家教委《中小学班主任工作暂行规定》的基本精神，制定了《班主任职务试行条例》，在校内实行了班主任职务聘任制。

班主任职务聘任制规定：学校班主任职务共分五个职级，即见习班主任、三级班主任、二级班主任、一级班主任、导师级班主任。同时规定了班主任工作十项基本职责。这十项职责包括作为班主任应该具备的师德修养、学识水平、学生观和教育观、教育教学水平、班级管理水平、家长工作、各任课教师协同工作等，只有能够履行这十项基本职责的，才可以聘为三级班主任。另制定了六项较高要求的职责，每达到两项较高要求，即可高聘一级。见习班主任和导师级班主任是两个比较特殊的职务，刚参加工作即担任班主任或不能全部履行十项基本职责的聘为见习班主任，见习班主任任期一年不能升级即中止聘任。全部完成各项职责并有创造性工作，在工作过程中有高度责任心，讲求工作艺术，形成自己的工作特色的，可以聘为导师级班主任。导师级班主任可以兼任两个班的班主任。

班主任津贴由职务津贴和管理水平津贴两部分组成。职务津贴按聘任职务确定，管理水平津贴根据德育管理积分确定。

班主任职务聘任制，既打破了班主任工作中的“大锅饭”，又克服了单纯靠管理积分定优劣带来的负面效应。在这种机制下，要做好一名班主任，必须研究育人规律，了解学生身心特点。教育者要提高自己的人生境界与工作水平，既要做知识上的授业者，又要做学生心灵的保健医生，还要做学生走向积极人生的导师。

今日反思

今天的十一学校已经没有行政班，在4000多名学生拥有4000多张个性化课表并形成了2000多个教学班的背景下，每一位教师都成了各个教学班的“班主任”，只是名称更加丰富——导师、咨询师、分布式领导的主管，每一位教师都肩负着立德树人的重任。

在传统的行政班模式下，在任何一位学生身上发生的事情，任何老师都可以推给班主任去解决，而班主任也把学生锁定为“我的学生”。但今天既推不出去又揽不下来，每一位教师都必须亲自解决，“不育人无法教书”成了教师工作的常态，这就是机制造就的。因为在这样的机制下运行，如果一位教师不关心学生的人格、心理、习惯、家庭等，就无法开展教学工作。

当时的班主任聘任制，从某种程度上解决了班主任完全靠班级管理积分评价的弊端，让班主任老师对班级管理分数“分分计较”的状况得到缓解，尤其是让他们对犯错误的学生或者影响了班级管理分数的学生的态度有所好转。

今天看来，另外一个方面仍需修正，即决定班主任每月管理水平津贴的德育管理积分，不宜分成若干等级，应该规定一个合格的标准，只要各个班达标，每位班主任的津贴相同。这样，既能确保学校基本的管理秩序，又能让班主任能够心平气和地等待学生成长。

立足本职建功业

中层干部职级管理

在学校的人事管理中，中层干部的考核与管理常被忽视，或是一刀切，齐步走，笼而统之地评估；或是偶有能力超众、工作突出的，即提拔到校级岗位。可是，常常见到这样的现象：校级其他编制已满，结果业务能力很强的教导主任被提拔到校级位置上分管后勤，用非所长，令人尴尬；或者校级编制已满，升职无望，只好熬日子，等机会，让人丧气。这种管理，既不利于发挥中层干部的才能，也不利于调动他们的积极性。

我们受教师职务聘任制的启发，对中层干部进行了职级管理。中层干部共分成五个职级，每个职级分别享受不同的荣誉和职务津贴，同一职务可能是不同的职级，拉大了分配距离。最高职级的津贴比校长津贴还高，最低职级的津贴则低于部分教师的津贴。每学年对中层干部本人的德、能、勤、绩和中层干部所管理部门的工作作风、工作业绩进行评估，对评估结果进行量化处理，以此确定不同中层干部的聘任职级，连续两年被聘为最低职级的则自动辞职。

中层干部职级管理，既让中层干部产生了紧迫感、危机感，也让他们看到了希望：立足本职建功立业，就可以大有作为。

今日反思

今天再反思这个问题，深感解决的根本思路是学校工作的去行政化，让行政干部不再有“当官”的感觉，真正成为师生的服务人员。

目前的十一学校，在去行政化方面，主要是让行政岗位成为服务岗位。校长是学校师生的“首席服务官”，教导主任则被戏称为“前台总领班”。每一个岗位都必须明确自己的“客户”，也就是服务对象；每一个岗位也都必须思考“客户”的责权利问题，定期由客户来评价他们。这样一来，在学校里从事行政工作“风光不再”，为干部的能上能下打下了基础。

另外，系统规划并实施对中层管理岗位的培训，既有通识性的领导力课程，又有根据不同岗位特点提供的针对性课程，让他们学会科学管理，提高服务质量，同时，也能看得见自己的成长。

当然，在学校组织结构调整中，要努力减少层级，将中层管理部门转化为职能服务部门，以扁平的组织结构，快速响应师生需求，同时，也减少许多部门、干部之间的繁文缛节。

变“要我干”为“我要干”

让工作量不足的老师自我开发工作量

每年聘任工作结束后，都会有一些老师达不到学校规定的基本工作量。按常规，我们总是从另外一些岗位中给这些老师“配给”一些工作，但至于这些工作适合不适合他们做，或者做这些工作究竟有多大意义，都来不及考虑了。

这样硬性的“拉郎配”，理所当然地从来就没有好结果。许多老师在这些工作面前被动应付，显得非常敷衍。我们也曾经下过决心，抓典型树标兵，大会讲小会批，折腾来折腾去，却原地踏步，成效不大。

很明显，沿着传统的思路是不可能解决好这个问题的。在教学工作中，我们一直在研究变学生的“要我学”为“我要学”的问题，在管理工作中“要我干”和“我要干”的转化不也同样是摆在我们面前的重要课题吗？因此，在新一学年的聘任工作中，我们明确规定凡工作量不足的老师，一律由个人另外申报工作内容，经部门核准、学校批准，列入本人正式年度工作量，与聘任工作量享受同等待遇。思路一改，老师们积极性大增，许许多多个大脑建立在自身优势的基础上做了很多创造性的工作。教法律选修课的老师，原来因工作量不足，教导处安排他去管理理科教具，这个工作理科老师本可以自己管好，经如此安排后却反而带来了两个不情愿。新政策出台后，这位教法律选修课的老师自己开发工作量，搞了一个学生“模拟法庭”，搞得红红火火。一学年下来，学生演讲能力、思维能力得到提高不说，单就在学生中普及法律知识而言也可以说是功不可没，这块工作量在教育天平上的砝码可远比管理教具重得多。地理双语选修、心理系列辅导都是在这个背景下开发出来的工作量，同时也成为学校中富有创造性的工作。

今日反思

在美国访问期间，我发现一所高中学校的网站上，有一个很有意思的教职员表，在全校 15 类 90 多个教职员中，差不多每一类都用小数来表示人员的数量，其中有 0.6 个教务长、4.5 个咨询师、53.6 个教师、0.4 个护士等，各岗位间互相兼职最大限度发挥了人力资源的效益。

今天的十一学校，每年 6 月份进行岗位聘任时，会在总的岗位编制列表中，列出若干个可兼职的、非整个岗位的零碎编制，譬如教育家书院院长助理岗位 0.6、学术委员会学术秘书 0.4、品牌管理 0.5，等等，让工作量不满或对某一项工作感兴趣的老师们自主选择，双向聘任。让事情有合适的人做，也让人有适合的事情做。

当然，我们也在教师中实行了开发自我的活动。如果一位教师或一个教师团队，他们怀有自己的梦想，希望在某个领域或某些方面开展一些岗位工作之外的工作创新，学校也会予以支持，以项目工作室或收购创新成果的方式，让他们实现自己的想法。

明确工作外延

岗位责任制≠八小时工作制

对一名合格的教师来说，其工作量很难用八小时工作制来界定，这是由教育、教学的工作性质来决定的。

从某种意义上说，教师的工作，不受时间和空间的制约。他可以利用课间找学生谈话，可以用课外活动时间做学生的思想工作，可以利用晚上进行课前准备，可以利用假期自修，可以做家访，可以为学生补课，辅导到学生病床前，等等。

从学校管理来看，也根本不可能用八小时工作制来衡量和评价一个教师的工作，更不可能用早点名、晚考勤来监督教师。这样做，不仅不能促进教师的工作，反而会产生许多意想不到的负面效应。因为教师工作本身就已经自觉或不自觉地在受到广大学生，特别是所任教班级学生的监督。因此，从尊重教师和保护与调动教师的积极性出发，我们学校管理不讲八小时工作制，而采取岗位责任制。

我们根据学校的不同岗位定员设岗，制定岗位目标责任及考核细则，依据责权利相结合的原则，在学期末和学年末进行考核评估。学校将以各类不同人员的考核评估为依据，评选各级各类先进模范。在教师中将依据考核成绩发放效益工资；在班主任教师中将依据所任班级的考核成绩，评定导师级班主任；在职员干部中将按不同岗位性质评定不同类型的先进模范。同时，校级以上的各级各类先进模范的评选、党组织发展新党员，都从学校考核评估的优秀分子中产生。

今日反思

目前，在许多学校推行的点名考勤制度是让教师最为反感的管理措施，而且也根本达不到实施这一制度的既定目的。

虽然当前各地实施的变异了的绩效工资制度确实给学校管理工作带来了诸多难题，但是我们仍然不可用错上加错的举措来束缚我们的老师。教育工作的效益一定来自教师内在的积极性，那种仅仅把教师拴在校园里便渴望产生教育效益的想法显然是幼稚可笑的。所以，无论一所学校有多少不一样的理由，我都建议首先放弃对教师的点名考勤制度。

至于说放开之后如何管理教师，如何调动他们教书育人的积极性，则可以根据不同地区、不同学校的实际加以选择，但根本上还是需要靠良性的机制引导，而非制度规约的束缚与掌控。

目前，十一学校的做法是通过强化各级、各部门和教职工的双向选择，调动干部和教师的积极性。身边的人最清楚每一个人的表现，因而，聘任自然成了最有效的评价和杠杆。尽管这个评价没有量化，是模糊的，但往往也最准确。

还有的学校则是采取结果评价或者学生调查等。我想，任何一种方式各有缺陷，甚至有时也可以互相补充，但都比点名考勤这种简单地控制教师时间的做法更为合理，也更有效。

有效地控制全局

运用“二八定律”

意大利经济学家帕累托在他的“宇宙大法则”中强调:“任何特定的群体中，重要的因子通常只占20%，而且从事着80%的重要岗位的工作，只要控制了重要的20%，就能100%地控制全局。”人们习惯上称这一法则为“二八定律”。

在学校内部有效控制全局也来自于对“二八定律”的运用，主要表现在：一、统一20%教职工——主要是班主任、教研组长的思想，形成统一步调；二、重视对人事聘任中占总数20%的学科带头人、骨干教师的客观控制，既能保证重要岗位，又不影响整体上的双向选择、优化组合；三、注意落实好在各项综合评估考核中居前20%教职工的责权利，对做出突出成绩的骨干，既给予大张旗鼓的精神奖励，又不放弃物质上的重奖；四、抓好对占教师总数20%，科研意识、科研能力较强教师的培养，形成科研龙头带动态势，蓄积学校发展后劲；五、加快“名师推动工程”进程，充分发挥占教师总数20%的各级教学能手在教学中的示范作用。

今日反思

2004年10月，美国《连线》杂志主编克里斯·安德森提出了著名的“长尾理论”。意思是说，过去人们只能关注重要的人或重要的事，如果用正态分布曲线来描绘这些人或事，人们只能关注曲线的“头部”，而处于曲线“尾部”、需要更多的精力和成本才能关注的大多数人或事却往往被忽略。

“长尾理论”被认为是对传统的“二八定律”的彻底颠覆。但是，我们认为，这恰恰是时代发展带来的思想财富，对我们重新理解与运用新时代背景下的“二八定律”有着重要意义。

首先，由于信息技术尤其是移动互联技术的出现，社会形态包括组织形态完全可以趋向扁平化，这使我们有可能比过去更方便地关注处于不同层次、各个方面的人群，沟通、协作、关注呈现得更为多样和便捷，尤其是数据分析使我们可以方便地多方面了解包括“长尾”在内各路人等的状况。

其次，信息传递公平化使所有的人基本可以在同一时间接受同样的信息，可以用同样的方式获取网络资源，这就使处于不同层级、不同发展阶段、不同年龄的人有了可以用相同的学习方式提高进步的可能。传统意义上的先进、骨干，不可能像过去那样始终很稳定地独占鳌头或稳操胜券了，变动不居可能会成为一种新常态。谁是“二八定律”中的前 20%，过去在办公室里闭上眼睛就可以理清楚的事情，今天必须在现实工作中重新思考。

在管理上，以“二八定律”控制全局不会错，但借助“长尾”理论修正僵化的“二八定律”才是今日对我们的挑战。

另外，值得反思的是，当年文中有一句话“统一占总数 20% 的教职工——主要是班主任、教研组长的思想，形成统一步调”，今天看来需要修正。任何时候，我们都不能去统一思想，甚至试图统一步调，而应该统一目标，并鼓励先进、允许落后，允许不同的节奏、多元的方式，但指向共同的愿景，这应该是一种更为健康的机制。

从“不许干什么”到“应该干什么”

换种眼光看问题

列宁曾经告诉我们：“管理和政策的全部艺术就在于，必须适时地估计并了解应该把主要力量和注意力集中在什么地方。”管理学校同其他工作一样。我们经常不自觉地从反对什么、批评什么、不准做什么入手，开始我们的管理，于是，我们便把主要的精力放到了找毛病、筑堤坝上，很少再有时间考虑我们该干些什么。

其实，一个管理者开展工作的思路不应当放在“不许干什么”上，而更大程度应当放在“应该干什么”上，因为从提倡什么入手开始工作，往往比较容易达到反对什么、杜绝什么的目的，而反之却并不“亦然”。

有一个阶段，老师们中间出现了一些迟到、早退现象，行政办公会上，有的同志提出开一个大会讲一讲不许迟到早退的问题，并采取严格点名的制度。显然，这是典型的“不许干什么”的管理行为。经过分析，我们理智地拒绝了这种做法。因为不许迟到早退好解决，可是不迟到不早退之后“应该干什么”呢？如果他没有积极性，“不许干这个”，不是还可以干别的吗？

后来，我们把主要精力放到了调动教职工工作积极性上，从职业道德的培养、工作业绩的考核评估一直到职称的评聘分开等，一系列政策机制的导向十分清楚地告诉了我们的老师在什么时候应该干什么。终于，那些外在的问题包括迟到、早退这样一些小毛病都得到了很好的解决。

今日反思

20年前提到的这些问题目前仍然是许多学校没有走出的误区。

许多时候，我们的管理者出手的举措和出台的规定，常常是为了解决个别人存在的个别问题。由于学校里有几个老师备课不认真，就规定要检查所有教师的备课；由于个别老师不注意学生的思想工作，不与学生谈心，于是就要求所有教师记录与学生的谈心活动，以便于检查改进；由于有的学生发型怪异，就规定所有学生剪成一个模样……一个人打喷嚏，所有人都吃感冒药。

成熟的管理者不应该天天思考着“不许干什么”，而需要关注的恰恰是“应该干什么”。应该换一种眼光看问题，更多地去发现各个领域里的闪光业绩、令人感动的事迹，营造温暖人心的氛围。如果认为教师的备课很重要，我们就应该调动各种力量去发现教师中课堂教学设计的智慧，让这些智慧有一个流淌的管道，让大家在分享智慧的过程中受益，也让提供智慧的老师备受鼓舞。如果你很看重师生沟通在教育中的力量，那也很容易捕捉到老师们独到又专业的行为表现，总结、梳理他们的经验进行传播，既可以让本人增强自信并进一步提炼升华，又能够为身边的同事树立榜样。如果你对学生的发型很在意，或者这本身就是学校一贯的文化，那最好给孩子们提供更多的可以选择的、符合学校价值规范的各种款式范围，从正面引导、影响学生，对个别发型怪异的学生，则进行个别疏导、个别管理，此所谓“扬善于公庭，规过于私室”。

英国著名的行为学家波特提出，当遭受许多批评时，下级往往只记住开头的一些，其余就不听了，因为他们忙于思索论据来反驳开头的批评。同样，如果我们制度设计的初衷也是从限制或解决员工的问题着眼，那肯定也会带来他们的反弹，包括情绪的和行为的。

从“要我怎么办”到“我要怎么办”

改变行政会议的思路

几十年计划经济的影响，我们的管理体制已经形成了惯性。上行下效，亦步亦趋；上有政策，下有对策。这种管理模式，功在此，过也在此。功在于下级与上级保持了高度一致，过则在于扼杀了工作中的进取精神、创新意识。这种惯性影响了学校工作的决策会议——行政会议，常常是校长挖空心思出主意、想办法、提要求，各中层干部布置工作，中层部门的负责人则被动地贯彻执行，有的时候思想上不接受，就应付了事。直接效果是，校长忙得不可开交，学校工作效率不高。

进行“四制”改革后，我们随之改革了行政办公会，将原来的校长布置工作，要求各部门怎么办，改为各部门汇报工作，自己提出下段工作打算，要求怎么办。这一小小的变动，引发了深层次的变化，从“要我怎么办”到“我要怎么办”实现了由被动工作向主动工作的转化，中层部门领导的主体意识被唤醒，争相发挥优势，创造性地开展工作。校长从千头万绪的事务工作中解脱出来，有时间从宏观上对学校的办学理念、教育行为、机制建设进行调控，从更高层次上加以引导，规范学校的教育行为。

这一小小的变动以后，我们感觉到：校长更像校长了，部门负责人更像负责人了，学校的各项工作更有生机了。

今日反思

学校的治理结构不变，仅仅转变管理思路，是很难实现从“要我怎么办”到“我要怎么办”的转变的。即使一时转变，如果没有相应的制度，也不可能持久。因此，从根本上采取措施，站在更高处，从“管理”走向“治理”，势在必行。

简单地说，学校治理是利益相关者如教师、学生、家长各方，对学校所拥有权力进行二次分配，这些权力过去仅仅掌握在以校长为代表的管理者手中。而健康的学校治理结构则要求利益各方作为多元主体对学校内部事务的共同治理和民主管理。教代会、校务委员会、党组织、学术委员会、学代会、家长代表大会都应该成为学校治理的主体，让他们各方在相应的领域拥有责、权、利，共同为学校的发展和学生的成长负责。一个健全的学校治理结构，也为学校管理提供了良好的平台和保障，也只有在健康的学校治理结构下，多元的治理主体各就各位、各司其职时，学校的决策和管理工作才会更科学、高效。

附：《北京市十一学校章程》第二章（治理结构）

第 4 条　学校实行分权制治理结构。教职工代表大会、校务委员会、党总支、学术委员会、学生会、教师家长委员会等组织，共同组成学校权力机构，分别决策相应事项。各治理主体互相制约，防止决策失误或某一方权力过度膨胀。

第 5 条　学校坚持教代会讨论、审定学校重大方针政策的民主决策机制。对关系学校发展和教职工权益的重大决策，包括学校行动纲要、战略规划、人事聘任方案、工资分配制度、职称推荐方案、学术工作管理办法等，必须经教代会审议通过后方能实施。投票结果必须当场公布。任何组织和个人均无权改变教代会通过的方案。教代会审议采取无记名投票制度，除会议议程等有关程序性事项外，所有方案不得采取举手表决或鼓掌通过方式。

第6条　教代会每年8月底对校长进行信任投票，采取无记名投票，并当场公布投票结果，达不到60%的信任票，校长必须自行辞职；达到60%但连续三年未达80%，校长也必须自行辞职。

第7条　教代会代表20人及以上提议，可临时召开教代会，提请对校长的弹劾或对有关政策方案修改的建议议程，经全体代表60%以上同意后，方可启动弹劾校长或修订政策方案的程序。

第8条　教代会每年8月底听取中层及以上干部述职，并进行无记名满意度测评，测评结果提交校长作为聘任干部的依据，对未达60%或达到60%但连续三年低于80%满意度的人选，新年度不得聘任为中层及以上干部。

第9条　为防止教代会决策因时间变化、上级政策调整等各种原因带来的失误，特殊情况下，校长有权对教代会通过的方案提出暂缓实施的建议，提交教代会主席团同意后，可对有明显问题的方案实施冻结，待下一次教代会审议修改后实施。如有必要，也可经主席团同意，提前召开教代会，对相应方案进行修订。如教代会认为原方案没有修改必要，则仍按原来的决策执行，校长不得再次干预。

第10条　学校设立校务委员会，主要由校长、副校级干部和主持年级教育教学工作的干部组成。校务委员会由校长主持，负责领导学校课程建设和教育教学工作，决定教职工的劳动合同聘任，确定各年级各部门岗位编制及职级总量，决定年度财务预算，按照相关规定决定对教职工及学生的奖惩。

第 11 条　校务委员会采取审议制，当无法达成一致意见时，校长具有最终决定权，责任由校长承担。学校党总支要保障国家的教育方针在学校贯彻落实，保证正确的办学方向，加强党组织建设，领导教职工代表大会和工会、共青团、少年先锋队等群众组织。

第 12 条　学校设立学术委员会，也同时作为教师职称初评委员会，负责教师职称初评，特级教师和市区学科带头人、骨干教师的推荐，学校学术工作室的设立、管理与评价，重大科研项目的招标。组成人员由校务委员会提名，提交教代会审定，达到 80% 以上赞成票方能通过。学术委员会由三位委员轮流担任主席，每位轮值主席主持一年工作。学术委员三年一个任期，每个任期需调整三分之一委员。为保证学校行政工作与学术工作的良好沟通，学术委员会轮值主席列席学校校务会议，学校分管人力资源工作的校务委员列席学术委员会议。特殊情况下，校长如果认为学术委员会决策存在明显问题，可通过校务委员会审议，对学术委员会的决定提出重新审定的提议，学术委员会可进行二次审议，如二次审议仍维持原决定，校长则不得干预。

第 13 条　学生会系学生民主自治组织，是学校与学生联系的桥梁和纽带。对有关学生切身利益的事项，如有关学生的规章制度、奖惩办法、校服选用、食堂管理等，学校应通过学生会广泛征求学生意见。每年召开学生代表大会，他们对学校相关事项可以提出建议案，学校相关方面必须做出回应。

第 14 条　教师家长委员会由相关方面推选的教师代表和家长代表组成，负责沟通学生教育、学校管理的相关事项，对一定时期学校教育教学工作提出建议，对学校相应管理制度提出修改意见，对与学生工作相关的诸如行为规范、食堂管理、住宿服务、校服选用等事项提出建议。学校相关部门必须及时听取，随时协商，并做出回应。

发挥惩戒的警醒作用

失误诫勉累积制度

学校管理中经常出现这样的事情，教职工在工作中出现重大失误，给学校造成重大损失，学校对当事人严肃处理，部门领导也相应负一定责任。而教职工在工作中出现影响较小的一般性失误，则给予批评教育，事情过后也就不再追究。这样在一些教职工中就出现“大错不犯，小错不断”的现象，对一般性失误的处理缺乏惩戒的警醒作用。

为了避免这种现象的出现，学校制定实施了“教职工失误累积制度”。除坚持对重大失误严肃处理外，对一般性失误采取诫勉累积惩罚的制度。如果一年内教职工在工作中累积出现五次一般性失误，相当于出现一次重大失误，按重大失误的处理办法进行处理。若重大失误重复出现，也按照失误累积的制度进行处罚。如失误累积制度中规定：教职工一学年出现一次重大失误，或累积达到五次一般性失误，从发生失误之日起，一年内不得评选为各级各类先进，不得晋升职称，且从下个月起一年内降低一级聘任职务；一年内出现两次重大失误或一般失误累积达到十次以上，本年度奖励工资享受同类人员最低档，在下一年度的聘任中做试聘处理……

失误累积制度给那些信奉“不出大错，小错无妨”的人敲响了警钟，全体教职工严谨的工作态度被调动起来，玩忽职守，不负责任的现象基本杜绝。

今日反思

俗话说“到什么山上唱什么歌”，学校管理也同样如此。

我刚刚担任高密四中校长的时候，学校秩序很乱，许多师生的是非观都有问题，因而根据当时的实际情况，希望对学校治理整顿，制定了这个“失误诫勉累积制度”，对改善当时学校管理状况，起到了很好的作用。后来，到高密一中工作，正逢学校发展低谷，于是也沿用了这一制度，对扭转一中的校风也起到了不同程度的作用。

2007 年，我来到十一学校时，也把这一制度带进了校园，但这一制度却一直没有贯彻落实，原因很简单，学校有着你追我赶、不甘人后的风气，大家都兢兢业业，恪尽职守，基本没有人信奉“小错无妨”。因而，对教职工无意之中的一般性失误，我们一般不再追究，只是与其共同分析失误原因，作为今后工作的借鉴，防止累积一般性失误给大家带来过大的压力。但另一方面，更为重要的是我们对一些常规工作建立了标准、流程，规避了原先靠口口相传、经验承续为特征带来的“失误”。尤其是近年来，我们还共同建立起了“方法论和工具箱”，对那些问题实质相同但表现情况各异的现象进行了方法论层面的研究，形成了关键词提取为原则，提供工具、脚手架为支持的工作机制，以引导替代诫勉，反而取得了更好的效果。

对个别教职工在工作中出现的重大失误，当然也要依法依规处理，但也不再累积，重在引导其反思进步。

善意的警示

设置“热炉”

谁都清楚，一个长期没有约束和监督的运行机制必然缺乏活力，甚至偏离轨道，这是十分危险的。

要使学校内部体制始终充满活力，就必须根据“热炉原理”建立约束机制。“热炉原理”强调，任何人在任何时候以任何方式触碰“热炉”都会被烫伤。它在所有越轨行为面前毫不留情，而更大程度上则是对所有正常运行者的善意的警示。我们认为，最好没有触碰“热炉”的机会，但是却不可以没有这样一个“热炉”存在。在学校内部，我们主要设置了下列“热炉”。

1. 体罚学生的停职反省制度。

2. 违反“教职工忌事忌语”的双休日学习制度。

3. 教学督导月通报制度。

4. 常规督查日曝光制度。

5. 财务审计、物资普查学期汇兑制度。

6. 领导干部岗位渎职教代会弹劾制度。

7. 食堂生活三方抽查惩戒制度。

这些制度的设立，主要是找问题、挑毛病的，对没有问题、没有毛病的则是一个提醒、一个善意的警示。

今日反思

一个闭合的管理系统，当然要有惩戒。也就是说，要设置“热炉”，而且必须具备几个原则。比如，“警告性原则”，让热炉火红，不用手去摸人们也清楚炉子是灼热的；“一致性原则”，只要碰到热炉，就一定被灼伤；“即时性原则”，一旦触碰到热炉，要么被灼伤，要么自己迅速缩回；“公平性原则”，无论是谁，谁碰到热炉就灼伤谁，无一例外。

但在今时今日我想说的是，在一个组织里，“热炉”不可太多，否则就会造成缩手缩脚、谨小慎微甚至人人自危的学校文化。

重新审视20年前的“热炉”设置，感到问题多多。首先是过于苛刻。比如，“违反教职工忌事忌语”的双休日学习制度，常规督查日曝光制度。如果我们连教师不能说什么话都加以规定，教育就不再是艺术。而对常规督查发现的问题应该综合分析，重在弄清背后的原因，每日曝光必然导致班主任老师和学生过于紧张甚至焦虑，不利于教育工作和风细雨的开展。另一个问题是惩戒措施不当。比如，体罚学生的停职反省制度。反省是必要的，但停职则不利于工作的开展。在一所学校里，每一个人的工作都具有不可替代性，简单地用停职的办法会带来新的问题；把“双休日学习”作为惩罚措施，也让人很难正确认识学习的价值。

发挥社会的监督、指导作用

家长督导团

失去监督的权力便会滋生腐败，学校的工作失去监督同样也会导致偏差和不公正。学校除了接受教育行政部门的监督和指导外，还应当有来自社会的更广泛的监督和指导。

家长督导团是我们为了发挥群众的监督、指导作用而设立的一个组织，因为学生家长有着跟学校最密切的社会关系，也是最关心、最支持学校工作的群体。家长督导团由学生家长自愿报名参加，每个班级学生的家长不得少于两名。督导团成员必须保证参加每学期举行两次的督导团例会，每个月都要向学校递交一份对学校工作进行监督和指导的意见书或建议书。意见书或建议书由本人送交也可由学生代交学校有关部门。学校家长本人送交的督导意见，学校领导要与家长共同协商，争取立即给学生家长一个满意的答复。

为了让家长督导团成员更多地了解学校的情况，学校的工作周报和信息月报都及时地反馈给他们。督导团团长和副团长还定期列席每周举行的行政办公会议。

家长督导团制度有利于学校工作的透明化，有利于赢得社会的信任和支持，疏通学校与社会、老师与家长的关系。家长督导团制度实施以来，过去一直争议较大的诸多问题都得到了圆满解决，学校在社会上的地位和声望也提高了。

今日反思

在高密一中，刚开始实施家长督导团工作的时候，确实收到了较好效果，但好景不长，很快就出现了许多问题，陷入了困境。首先是教师与家长产生了许多误解。由于家长督导团构成人员的水平、素质参差不齐，再加上他们并非专业人士，因而在许多事情的判断上出现了偏差，甚至惹恼了一些有个性的老师，家长代表和教师双方都感觉不是很舒服。后来，督导团的家长也难以坚持正常工作。这项工作实施了一段时间后便自行消亡了。

反思家长督导团的消亡，问题还在我们学校管理者“心术不正”，内心深处有着对老师的不信任，又不想自己深陷其中，因而就想借助家长的力量，实现监督老师工作的目的。

凝聚老师和家长的力量，只有一个办法，那就是确立共同目标，以孩子的成长为唯一目的。当学校的一切工作都围绕这个目标的时候才能真正凝神聚力，教师、家长心情舒畅。

需要特别指出的是，一所学校不应该把家长当作自己的服务对象，更不可把家长当作所谓的“上帝”，应该将之视为教育的联盟，教师与家长携手服务于学生的成长。

今天的十一学校，建立了学校、年级、部门不同层次、不同领域的各种教师家长委员会，老师和家长代表围绕孩子的成长共同研讨面临的挑战，合力解决教育难题，并用专业的话语体系逐步达成对许多问题的共识，也消解了过去的许多偏见和误会。

作为学校治理结构的组成部分之一，家长委员会应该是一个独立的组织，在学校治理过程中，它应该有自己的权责，但是，在大量的日常教育与管理工作中，共同形成“教师—家长委员会”则更方便、更有利于工作的开展。

少开会的一个办法

“学校工作周报”

我做教师的时候，不大愿意学校开会，尤其不愿意开大会，总感到开大会解决不了什么大问题。做了校长以后，随着经验的增加更清楚了一个事实，开大会是所有解决问题的办法中最蹩脚的一个。而且，一个成熟的管理者应该尽最大限度地节约被管理者的时间。可是，长时间不开会，学校又毕竟有一些需要老师们、学生们了解的大小事情，怎么办呢？于是，就产生了这张“学校工作周报”（见下图）。“周报”由办公室负责编发，每周一期，通报的主要内容包括上级的指示精神、学校的重大决策、师生的奖励惩处、学校的各项活动，等等。“周报”的定期编发，为上情下达、上下沟通、统一思想，包括节约师生开会时间起到了很好的作用。

学校工作周报

SCHOOL AFFAIRS WEEKLY

高密一中秘书科

[2000—2001 上学期 11 周]

2000 年 10 月 28 日　　第 11 号

> **一个人有了崇高的伟大理想，还一定要有高尚的情操。没有高尚的情操，再崇高、再伟大的理想也是不能达到的。**
>
> **——陶铸**

○10 月 28 日上午，新西兰陶朗加市政府官员玛格丽特·库帕女士在副市长侯典明、市教委主任李希贵的陪同下来我校访问，与我校校长张作林、副校长吴金晶及部分学生代表进行了愉快的交谈，还参观了自修楼和自然科学馆，并高兴地同大家合影留念。

○近日，招飞工作在潍坊区高密片的体检中，全市共有 11 人初录合格，我校高三实验一班刘鹏、三班陈宏涛、六班陈孟家、七班单联如、邵大伟、叶鹏 6 位同学榜上有名。

今日反思

《现代汉语词典》里对“会议”的定义是“有组织有领导地商议事情的集会”。所以，从严格意义来说，会议应该是互动的，参与者都有可能贡献智慧、影响决策。如果仅仅是通报一些信息，则实在没有必要让大家放下手头的工作，专门集中在一起开会。尤其是在今天这样信息互联的时代，连工作周报都没有必要印发纸质的了。

然而，令人感慨的是，校园里会议泛滥的现象并没有因为时代和互联网技术的进步而好转。从根本上说，是学校的组织结构有问题；当然，也有整个社会治理系统的因素，共同造成了会议过多的问题。

当我们权力过度集中在学校层面，尤其是学校治理主体不健全时，又把多方应有的权力集中在行政一方的时候，校长们往往承受着过度的压力，他们需要对所有事情决策、负责，这种急于贯彻落实的心态和担心下属不作为、不执行的焦虑交织在一起，习惯性地开会就成为缓解压力的首要选择。

其实，真正减少会议，而且能够回到会议本来的功能，首先必须解决的是给每一个基层组织和每一个岗位赋权，让他们各自的责、权、利呈等边三角形的状态，让决策发生在获取信息最充分的某一个或某一些小组织里，所谓“让听到炮声的人指挥打仗”说的就是这个道理。

学校里一般能用调整组织结构解决的就不用制度，能用制度规范的就不用会议，只有万不得已才选择开会，这才是健康的运行机制。在今天的十一学校里，全校性的会议已经很少，因为没有很多具体事务需要全体教职工来商量，只是每年一次的教代会，需要讨论、审议一些事关学校发展的大事，而大量的会议发生在基层组织。这些会议大都与他们自己息息相关，立足于解决问题、推动工作，会议当开则开，完全由他们自己决策。

还有一点儿心得分享，当你感觉因为某些事情需要过度开会的时候，就应该坐下来认真思考问题背后的问题了。这时候，是梳理工作流程，还是制定或修改规章制度，甚或调整组织结构，需要认真思考，把这些建设性的工作做了，可以收到一劳永逸的效果。

避免拖延

通报“工作备忘录”

拖延是管理的大敌，它几乎是造成所有单位工作效率低下、事业裹足不前甚至人际关系紧张的祸根。

拖延者往往都有非常充分的理由。于是，大部分管理者，在拖延面前既痛心疾首又无能为力。

事实上，在拖延尚未带来严重后果前，必须赶快采取制止的措施。在这些措施中，通报“工作备忘录”是其中的一个办法。

在我们学校，这项工作由校长办公室一位秘书负责，他必须在学期、学年一开始就把学校工作计划和各部门、各班级的工作计划全部汇总统计，按时间顺序排列组合到一个工作备忘录上。另外，他还要把随着工作开展，学校、部门发布的文件中要求落实的工作梳理出来，归类整理到有关责任部门、责任人名下。当然，每周一次的行政办公会部门负责人汇报的计划及学校安排的工作也要填到这个备忘录上。然后，这位秘书把这些工作以周为单位加以整理，并深入实际，以事实为依据，了解、掌握该项工作的落实情况，一周汇总通报一次。这既是对人们工作效率的检查，又是对人们工作落实的提醒，对避免工作拖延起到了较好的辅助作用。

今日反思

这种方式事实上还是建立在学校集权的背景下，把学校整体当作一个组织来运行，而不是把每一个“最小单位”都看作一个有机的、相对独立的组织。

学校不是工厂，每一位老师、每一个年级、每一门学科面对的都是随时在变化的学生，因此，就教育教学活动来说，计划的制订和落实都应该富有弹性，给大家留出改进、创新甚至取消的空间。可以采取定向个别提醒的办法，不宜在全校范围内通报，以免给当事人过大的压力。

现在的十一学校有 160 多个预算单位，这些有财务支配权的小组织，同时也不同程度地拥有选聘团队成员的权力，当他们的责、权、利等边，又有着明确目标的时候，他们的工作主动性自然启动。即使出现一些工作拖延，往往也有着不同的原因。这时候则无须通报，重在帮助。

当然，“避免拖延”也可以换一个角度来解决。比如，着眼于当事人素养的提高、习惯的养成、心理的缓解，甚至帮助他们找到管理自我的工具。我自己日常使用的时间管理工具——“请写下明天的六项重点工作——从最重要的开始”，便推荐给了学校的管理干部，对一些同事改变拖延的习惯起到了一定的作用。

共架金色桥梁

校长信箱、回音壁与约谈制

兼听则明，偏听则暗。校长必须有一双明亮的眼睛和一对能听到各方声音的耳朵，尤其要听听学生的声音，听听学生对学校工作的意见、建议、要求，并及时将学校的处理意见通报给学生。校长信箱、回音壁与约谈制度，就是架在校长与学生之间的一座金色桥梁。

在两座教学楼的显要处，我们分别设立了一个校长信箱，学生可以将自己需要与校长交流的思想写成信件投入信箱。校长办公室人员每天早晨开箱将信件汇总送校长，校长再将信中反映的问题分门别类做好记录，将学校的处理意见反馈给学生。普遍性问题通过校报“回音壁”栏目加以反馈，个别性问题采取约谈的办法，请对学校工作提出质询的学生到校长办公室做客，与校长面对面交流思想。这一渠道的畅通，使学校管理的问题、生活问题、师生关系问题、教学问题，都反映了出来，工作中的失误减少了，有些误会也得到了及时的化解。

今日反思

任何沟通方式都无法代替面对面沟通，不仅是因为其他信息传递方式易造成信息的衰减、失真，更重要的是，面对面的互动和情感交流会大大增强沟通的效果。

如果条件允许，每一位管理者，特别是校长，最好的方式是每天固定一个时段、固定一个地点接待校内师生的来访。时间应该设定在课余时间，如中午、下午课后时间，这样便于所有师生都可以安排时间。当然，外面会议过多、无法自主安排每一天时间的校长，则可以固定每周一两次的接待时间。我们可以梳理一下上级工作的规律，他们一般周一自己开会，顾不上招呼我们开会，那我们就可以固定这个时间。时间一旦确定，则不可轻易失约，即使外面有其他活动，也应该服从这个与师生沟通的约定时间。不然，一旦失信于师生，后果就不仅仅是事情本身了。

当然，除此之外，我们还应该采取在校园里巡回走动的方式创造与师生相遇的机会，尤其是那些可能需要你的地方，一定要主动前往。比如，某一个学科正在推进一项教学改革、起始年级刚刚入学、毕业年级的考试带给了学生压力，有些部门老师生病带来了工作调整，等等。对学生，则需要到他们活动的现场，或活动结束后他们在反思、用得着校长的时候主动前往。

亲其师与信其道

评选“我最爱戴的老师”

人们都希望自己的工作能得到别人的肯定。教师虽然工作性质特殊，但他们在肯定与评判着学生的同时，同样也渴望得到领导的赞赏、同行的钦佩，更渴望得到学生们的认可。为此，我们学校每学期期末都在学生中举行“我最爱戴的老师”的评选活动。

评选采用无记名投票方式。学校组织专门人员做动员准备后，让每一位学生都参与评选。学生则根据自己的感受，对所有任课教师进行评价，写出最爱戴的老师的姓名。最后各级部进行统计，选出各单元班优秀者，全校通报表彰。

“亲其师才能信其道”，开展这一活动，进一步加强了师生感情，促进了师生相互理解和关心。一方面，满足了教师心理感情上的需要；更重要的是，这一活动的开展，使全体教师更加注重自身修养，关心学生成长，既教书又育人，积极开展教学科研，大胆实施教学改革，努力完善自我，从而涌现出越来越多的备受学生爱戴的名师。

今日反思

通过各种方式让老师们清楚“你在学生心目中的地位有多高，你在学校里的地位就有多重”，这是一所学校很重要的文化根基，但是如何平衡好处于不同层次的老师的心态，避免他们之间的过度竞争，也是管理者应该留意的。

今天的十一学校已经不用再专门进行一次评选了，而是嵌入每个学期都要进行的教育教学诊断中，将其设置为一个指标，就是“这个学期你最喜欢的老师有哪些”。一方面，学生可以多选。事实上，确实有的学生喜欢所有老师，这是十分令人欣慰的。另一方面，调查结果只通知到老师本人，不公布、不表彰，让老师们内心感动或自责，转化为新的动力，而又不至于让有些老师难堪。另外，我们也不会再像上文所说的展开评选前的动员以及非要让每一位学生都参与，而是让这些都成为学生自主选择的行为。

叩开学生的心扉

《老师，我想对您说》征文

在校园里，师生心灵的沟通是个永恒的主题。学生认识老师相对比较简单些，而老师要想深入每个学生的内心世界，就显得不那么容易了。

《老师，我想对您说》征文向老师开启了一扇了解学生真情实感的门扉。征文面向全体同学，可以发表自己对教师的看法，可以提出对教师的要求，也可就教师的某一言行阐述自己的观点或抒发自己的感想。

征文结束，评出优秀文章。这些文章集中反映了学生的心声，从各个不同角度，表达了他们的愿望。为了让教师们全面倾听学生发自内心的声音，我们在学校的书画展厅举办了一次征文展览，先由教师阅览，然后分组讨论。讨论的气氛非常热烈，教师们像哥伦布发现新大陆那样惊奇于学生袒露的心里话，感觉到自己竟是那么不了解学生。展览震动了教师们的心灵，几乎所有看过展览的教师都发出意味深长的感慨：学生的内心世界是宽广和复杂的，教师与学生的距离正在拉大，到了该重视和理解学生思想感情的时候了。

最近，我们把一些代表性的征文印成了一个小册子，作为师德教育的一种教材。

今日反思

高密一中的经验告诉我，这样的征文很容易勾出学生的负面情绪，学生的文章大都以“控诉”居多，对老师产生刺激，因此带来更大的负面影响。所以，今天的十一学校已经没有这样的公开征文了，师生沟通的方式多元而丰富，且大都变成了个别私下的协商。当然，效果也不可能都有效，但沟通确实需要过程，也需要时间，不可硬来，“硬沟通”弊大利小。

当然，在扁平化的治理结构下，我们的年级、学科都在创造着类似《老师，我想对您说》一类的征文或演讲，但目的已变，我们试图让学生学会表达，让他们既能鲜明地甚至尖锐地表达自己的意见、观点，又使对方乐于接受，甚至心怀感激，这是沟通表达的重要价值。尤其值得一提的是，越来越多的教师创造了许多新型的沟通方式，比如陪伴学生上下学、与学生一起打羽毛球；还有的教师则完全利用学科教学时间，在专业交往中了解学生的内心世界，比如语文学科往往通过议论文写作等选修课就地取材将近期在学生中热议的话题作为素材，畅通各方言路，在真实与真实的相遇中产生无痕的教育力量。

尽快拉近师生间的距离

点名达标活动

每年新生入学或学年转换老师接任了新的班级，一部分老师在熟悉学生上常常要花很长一段时间，对一些不显山不露水各方面平平的学生更是如此。长时间在这样一种状态下实施教育，效果肯定大打折扣。

为了在面上解决这一问题，让老师们尽快地熟悉学生，拉近师生间的距离，我们在高一各班和高二、高三中科任教师有调整的班级开展老师对学生的点名达标活动。新学年一开始，我们首先公布活动方案，引导广大教师在教育工作中有意识地通过各个教学环节，接触学生、了解学生、熟悉学生。为了保证这一活动的实效，我们同时开展老师给每位学生找三条优点，每天表扬三名学生或表扬三次学生等活动，还将学生基本情况登记表印到学生作业的封面上。开学第四周即开始第一轮的达标，要求科任老师能面对学生叫出全班学生的姓名方能达标，第八周则面对学生的后脑勺点名方能达标，到一学期结束，则能说出所有学生的家庭、个性、爱好、学习优缺点等情况。这样，不仅在较短的时间内缩短了师生间的距离，而且活动过程也启发了老师，使他们真正感受到了热爱的力量。

为强化活动成果，我们对优胜者予以通报表扬，一次不能达标者则专门安排时间进行二次达标，其结果记入教师本人业务档案，作为评聘教师职务的一个依据。

今日反思

当年高密一中的这种做法，是从台湾的一所学校“拿来”的。开展之后当时效果很明显，但公开地、大张旗鼓地实行，其中有许多对老师的不信任和不尊重，老师们很可能感觉不舒服，一群内心不舒服的老师怎能培养出舒服的学生？今天想来，每位教师认识学生的方式不同，记忆的能力不同，怎么可用统一的步调来实现迅速认识学生的目的呢？

事实上，更好的方式应该是搭建平台、营造氛围、提供方法帮助老师用自己习惯的方式熟悉学生，因而总结、分享和传播一些优秀教师的经验、技巧，提供学生全方位、多元化的立体信息，应该是学校和年级工作的责任。

教师的工作是一项富有个性的创造性工作，发现他们的特长、优势，比强盯他们的弱点、短板更重要。有时候，他们有可能在某一方面、某一个环节上有纰漏，但恰恰他又会通过其他方面、另外的环节给弥补得天衣无缝。因而，学校管理工作不能像流水线上检查工人的产品那样，要求处处合格、环环达标，甚至追求“零缺陷”，而应该给老师留下充分的空间，在明确共同目标的前提下，在共同价值观的引领下，让他们各显其能。过程可以有软性的诊断，但不可做硬性评价，不然，很可能造成貌似每个环节都达标，换来的却是最终结果的不合格。

学生在我心中

学生家庭住址分布图

我们学校班主任老师的口袋里都有一张特殊的地图——学生家庭住址分布图。本班学生家住几街几号、父母工作单位、家庭电话号码、上学途经路线都可以查到，如有特殊情况能立即与家庭取得联系。

学校工作的中心是学生，教师就要把学生的健康成长放在心上，了解学生，熟悉学生，缩短与学生的情感距离，真心去关心、爱护每一个学生。在与学生接触时，如果以很短的时间内叫出学生的名字，很准确地说出学生的家庭住址、家庭状况，能满足学生受关注的需求，往往可以使学生深受鼓舞，拉近学生和老师之间感情的距离。学生的活动空间不只在学校，回家之后的情况也需要了解，学生住址分布图大大便利了教师与家长的沟通与联系，有利于家庭、学校统一思想，形成合力，共同创造有利于孩子成长的良好环境。

分布图在老师的手里，学生在老师的心中。

今日反思

当过班主任的老师大都对家访的重要性体会深刻，确实，家访绝不仅仅能拉近师生间的距离，它对我们深入了解学生、理解学生有着不可替代的作用。

当然，这样的做法对一所县中很适合，对大城市的学校可能就有困难，特别是随着网络技术的发达，我们可以找到替代方式。

要实现学生真正在我们心中，今天需要装在老师心中的不止是家庭地图，还应该有更多的图表与数据。其中，十一学校部分年级实行的"学生成长状态轮状图"即是其一。这个图是对学生一定阶段成长状态进行结构性诊断的工具。所谓结构性，是从学生成长的全方位，包括学术性学科、艺术、体育、技术、社团活动、同伴关系、师生关系、亲子关系等学生的各个方面的状态进行判断，每个方面分为"-1""0""1"三个级别。注意，这里的级别不是指成绩本身，而是学生当前的状态。如果一位同学考试成绩名列前茅，但他仍然为没有考取更好的名次而焦虑，那他的状态仍为"-1"。这样的一个结构性诊断也必然由所有相关的老师、家长、同伴共同参与才能完成，因而相对也避免了传统学校班主任一个人主观判断的弊端。

开一条服务热线

物资维修联系箱

在学校后勤管理中，常常遇到这样的事情，一方面总务处的维修工整天忙得团团转，跑了东楼跑西楼，修了楼上修楼下，顾了教室顾不了宿舍；而另一方面教师、学生又经常抱怨找不着维修工，遇到水龙头坏了，晚自习时日光灯坏了，常常解决不及时，师生与后勤之间的摩擦时有发生。

现在好了，校产科在教学楼后设置了一个“物资维修联系箱”。不管是学生还是教师，一旦发现需要维修的情况，就可以写一张字条投到联系箱中。校产科科长每天两次开箱取条，会同总务处主任，本着先急后缓的原则安排维修工的工作。

挂上一个物资维修联系箱等于开通了一条服务热线，方便了广大师生，提高了维修效率，也有利于总务处对校产使用情况的总体掌握。从此，再也见不到师生满院找维修工的现象了。如果有突发事件发生，填上一张单子报到总务处后，也能马上找到维修工。有了联系箱后，校产维修转入忙而不乱的有序状态。

今日反思

无论是当年留字条方式的联系，还是如今通过网络技术手段加强联系，都只是手段，从根本上解决服务及时性问题还在于谁来评价维修人员的工作业绩，所以，设计什么样的评价量表，让被评价者清楚地知道他们的业绩应该表现在哪些方面，被服务者都是谁，他们的需求又是什么，这才是问题背后的问题。只有这样的评价机制形成后，才可能创造出更多更适切的联系方式。

尽最大可能帮助学生

校内 110

设立校内 110，是为学生在非常情况下服务的。

随着学校规模的扩大、师生人数的增加，许多事情在许多时候处理起来经常使学生碰到一些麻烦。有的学生突然有急事要请假，可办公室里偏偏见不到班主任的影子，学校有两万平方米的建筑，到哪里找去？以前有的学生找校长、找主任，可也不是所有的学生都能找到或都愿意去找，那么现在可以找校内 110。放学到车棚取车，偏偏找不到钥匙了，手无寸铁，开不了车锁不说，单就证明车子是不是你的就要大费口舌，那么干脆找校内 110 去，让人从档案号中查对，而且他们还备有开锁工具。还有，甚至遇到一些难言之隐，不知该如何处理为好，问老师、问同学都不合适的情况下，也可以问一问校内 110，它同样能给你一个善意的提示。

校内 110 其实就是学生的求助电话，它的总服务台设在学校值班室，昼夜值班。教学楼的每层阳台上和教学区、活动区都有供学生呼叫的电话与校内 110 联网。它的宗旨就是“帮助学生，尽自己的最大可能。”

今日反思

尽管我们把各部门、各岗位的职责界定得清楚明白，但到学生那里往往知之者甚少。遇到一些麻烦，到底应该找谁解决，他们大都不是特别清楚，因而，设置一个无条件接受求助的电话，十分必要。

在高密一中时，我们设置了一个特别的内线电话——尽管每一楼层均有供学生使用的内线电话，但他们使用的并不多。现在的十一学校，手机已经非常普及，如果仍用内线，效果同样不会好，所以我们开通了一部外线电话，号码也选择了便于记忆的，让师生、家长尽人皆知。

电话由 24 小时值班的学校总监控中心的老师负责，他们将接到的求助电话即时反馈到相关部门，相关部门在规定的时间内反馈处理结果。

当然，由接电话的人转手再交给相应的责任人，服务仍然会出现错位。现在，我们则设立了学生服务中心，将与学生关联密切的事情，全部归总到学生服务中心“一站式”办理，诸如成绩单打印、学生卡补办、选课与生涯规划咨询，等等，学生随到随办，且大部分为自助式办理。

"马上解决"带来"立即纠正"

校产员日巡查制度

就像人们可以在遍地垃圾的地上随意吐一口痰，却不好意思在窗明几净的房间地毯上信手丢一片纸一样，外部环境对一个人的内心行为产生着潜移默化的影响。在学校中，门上的一片玻璃、窗上的一个风钩、报栏里的一张报纸、墙壁上的一幅挂像都马虎不得。这些东西有损坏是正常的，但能否得到及时修复却反映出一所学校的精神风貌。尤其不能忽视的是，这些行为对学生的隐性影响。

我们要求，校产员每早到校。第一项任务是对学校各种设施进行巡查，发现损坏立即修复，这是一项制度。学校规定，常用设备从损坏到修复不得超过24个小时，直接用于教学的设备不超过2个小时，否则，以校产员失误累积。教职工雷厉风行、严谨认真的工作作风，是在用事实给学生上课。要求学生要养成一丝不苟的生活习惯和学习习惯，要正视自己的错误，并迅速纠正自己的错误，也就不再是空口说教，而变成了实实在在的教育。校产员每日巡查为学生树立了榜样。学生们对照职责寻找自己的不足，省查修正自己的言行变成了自觉行为，值日时唯恐留下死角，生活中尽量帮助他人，工作上力求尽善尽美。

事实告诉我们，如果学校对自己存在的问题熟视无睹，那么学生就会对自己存在的错误麻木不仁；如果学校对存在的问题马上解决，那么学生就会立即纠正自己的错误。

今日反思

现在，校园里已经可以通过网络报修功能，让维修人员即时了解需要维修的设施。信息畅通了，维修工作也及时了，但维修人员仍然会处于被动等待状态。

除了过去的巡查制度之外，还应该总结维修工作的规律，将预判和事前预防、解决在先纳入整个工作体系。

一般来说，什么物品多长时间、使用多少次可能损坏，什么地点在什么时间可能出现问题，是有一定规律的。如果掌握了规律，维修工作就可以做在前面。比如，教室里钟表的电池、饮水机的滤芯，如果我们档案里记下更新的时间，就可以知道下次更换的时间；每月、开学前，教室的门锁、篮球架的球网、田径场的斑线，都应该不要等到学生抱怨时才修。如果我们注意积累每年的数据，在备料方面就都可以做到心中有数。

运用杠杆

把食堂一分为三

以前学校是一个食堂独家经营，食堂有什么学生吃什么，而且采取学生提前订饭制度，这大大地束缚了学生吃饭想吃什么、怎样吃的自由；再说食堂工作人员也抱着“铁饭碗”，没有竞争意识和下岗危机，工作的创新性和积极性不大。

为了改变这种状况，充分体现学校工作一切为了学生的思想，我们加强了对学校食堂的管理，以提高工作人员的工作积极性和创新意识，增强他们的竞争意识和危机意识。为此，我们在食堂管理上引进市场经济模式，把一个食堂一分为三，三个食堂公平竞争，自负盈亏，多劳多得。哪个食堂饭菜好，价格便宜，哪个食堂就可以吸引更多的学生，食堂的效益也就好，职工的工资也就高，学生也不用提前订饭，而是随时挑选自己可口的饭菜，再也不用担心以前那种吃不了、吃不饱、吃不好的局面。三个食堂的师傅也不是以前那种学生求着他们买饭，而是自己想着法子改善伙食、改善服务，吸引学生光顾。

这种运用公平竞争、经济杠杆的做法直接促进了食堂服务质量的提高。

今日反思

追溯到 1990 年我刚刚当高密四中校长的时候，食堂的改革先是一分为二。一开始效果也不错，但两个月后便出现了问题，两家食堂开始实施饭菜价格的“会商制”，合伙抬高物价。于是，才有了后来一分为三的改进。有趣的是，分为三家食堂后，开始时他们还想沿用原先的价格“会商制”，可再也没有成功过，良性竞争变为他们的主旋律。1995 年我到高密一中后推行的也是这种模式。

2007 年，我到十一学校后推行的食堂改革略有不同，把学校总务处独家管理食堂的体制，改为引入外部公司承办。三家经过市区相关部门认定的餐饮公司同时进入，并行经营，并每年面向全体师生进行两次测评，根据测评结果，末位淘汰。

这种方式当然极大地激发了每一家公司的积极性，但同时也给每一家公司带来了过大的压力。由于每年一定要淘汰末位公司，这导致他们之间的竞争出现一些恶意行为。另外，每年重新引进一家公司也很难马上适应师生的需求，更无法与学校的文化相融合，也就很容易快速被淘汰。

后来，我们增加了一些保护措施，改为相对末位淘汰制。对每年度测评结果处于末位但距离三家公司平均分值差距在合理范围内的，不马上淘汰，而是给予一年整改的时间，而对处于末位且距离平均分值差距微小的公司，则作为正常结果对待。对新进入的公司，则给予半年的适应期。适应期内的测评结果不纳入年度评价，只作为改进的依据。这样的改进，让竞争变得舒缓，每家公司只要立马改进自己就可以立足，而不在于是否能超越别的公司。

第二辑

在老师心目中，不应该有坏学生，只可能有心理不健康的学生

高三(3)班有一名学生，在短短不到两周的时间里，连续与同学、与门卫保安人员打了两次架，于是有人说他屡教不改，是道德品质问题。找同班的同学了解，都反映这位同学品德好、热心肠、好助人；找老师们谈起来，也都觉得他懂礼貌、挺憨厚。

问题在哪里呢？

找他本人谈一谈吧。

一开始，他认为校长是来整他的，一脸不情愿。直到我开玩笑说：“我是专门为搞研究才找你的，今天就是要专门研究一下你的个性品格。”这样，他的脸才算缓过来。这时我抓住机会说：“搞研究来不得一丁点儿虚假，你必须‘发誓’，一点儿也不能糊弄我。”

他开始笑了。原来，他从小就是这样，一遇事儿，好激动，老控制不住自己，事情过了，又很后悔，可后悔也晚了。

很明显，他属于意志偏斜型的学生。这类学生的意志发展速度快于认知与情感发展，但由于认知水平不高，所以其意志行为多表现出盲目性。这类学生的情感体验很浮浅，喜、怒、哀、乐易形于色，情绪暴发快而短暂，缺乏自我控制能力。

事情很明显，如果我们站在传统的非此即彼的角度上认识、处理这件事情，结局是显而易见的，因为，正像书里常说的，如果你讨厌你的学生，那么，你的教育还没有开始，就已经结束了。在老师的眼里，不应该有坏学生，只可能有心理不健康的学生。只有拥有这样一个健康的学生观，我们才能在整个学校教育活动中改变思路、调整角度，以科学的态度尽最大可能对每一位学生实施教育。

学生心灵的避风港

心理咨询中心

据一些调查统计显示，中学生中存在心理问题的达总人数的 20% 左右。心理问题严重困扰学生的学习和生活，给学生的身心发展造成极大危害。一些学生学习成绩一落千丈、精神错乱甚至自杀等，都与心理问题得不到及时缓释有关。

我校自 1995 年成立心理咨询中心以来，已接待了大批前来咨询的学生，为他们解除了心理上存在的困扰。心理咨询中心还向学生和老师宣传大量的心理卫生知识，在全校师生中树立起人人重视心理健康的观念，预防和矫治心理疾病已成为学生们的主动行为。

心理咨询中心由心理学系毕业的专职教师为学生进行咨询，咨询分谈话和写信投入信箱两种形式。谈话咨询一般在课间或利用课外时间进行，目的是不占用学生的学习时间，存在严重心理问题的学生可以随时到中心接受咨询和心理治疗。采用信箱咨询的学生在投信后两日后可到中心再取回信。

咨询中心还根据一些教师和学生的要求不定期为学生进行团体咨询，为学生举办心理健康教育讲座，这有力地促进了学校心理健康教育的普及。

目前，心理咨询中心设有心理咨询室两处，心理放松室一个和一间心理资料室。需要进行心理调整的学生可以要求到心理放松室进行心理舒缓，也可以到资料室借阅有关的心理学书籍或杂志，从中寻求指导，增强对心理问题的预防能力。

心理咨询中心，学生心灵的避风港。

今日反思

那些年的实践告诉我们，靠设一个心理咨询中心、聘两名心理学老师确能缓解学生心理问题的燃眉之急，帮助化解教育中无可奈何的个别问题，但是，却很难解决普遍的心灵成长问题。

大部分学生的心理问题是由一些微小事情累积起来的，如果在平时的家庭教育和学校教育中能够及时化解，就完全可以防微杜渐。由于家长和教师均不具备这方面的专业知识和专业能力，因此，经常好心做坏事，甚至直接导致本不该发生的问题。

但另一个客观现象是，越是有心理症状的学生往往越是不肯承认自己的问题，让他们主动走进心理咨询中心几无可能，要他们向本不熟悉的心理老师打开心扉也并不容易。

因而，如何让全体教师都具备基本的心理学常识，让其中的优秀者能够成为这方面的行家里手，就成为一所学校教师专业成长不可回避的重要领域。为不同年级的教师开发相应的心理学辅导课程，让他们系统而实用地掌握可操作的问题解决办法，尤其重要。

在解决学生心理问题时，切忌就心理改心理，应该以“成功心理学”为基础，更多地瞄准每一位学生的成长目标和积极人生，在这样一条“引导链”上让心理问题自然化解。因而，让老师们在学生未来职业选择的领域成为行家里手，在平时的接触中自觉地引导学生思考未来的人生方向，在追求人生价值的高度上解决一般的心理问题往往有更好的效果。

重症心理问题的学生

心理监护制度

我们除对存在心理问题的学生进行心理咨询和治疗外，还对有较严重心理问题的学生实行心理监护制度。因为种种原因，有些存在较严重心理问题的学生不愿主动到心理咨询中心接受治疗，当这些学生遇到突发事件时，很容易陷入心理危机，甚至突变成更让人担心的结果。

心理监护制度首先由观察、了解学生较多的班主任和任课老师向心理咨询中心提供班级中有明显心理问题表现的学生名单，然后中心为这些学生进行科学的心理测量，并与他们晤谈，根据测量结果和晤谈情况，确定是否需要对他们实行心理监护。对认为有必要进行心理监护的学生，由中心建立监护档案，并协助班主任与任课教师展开对这些学生的观察和处理。若学生思想行为有反常表现，任课教师或班主任要立即与心理咨询中心联系，根据具体情况实施干预，凡因监护不力延误治疗造成学生心理问题激化的事故，要追究监护老师的责任。

此外，在心理监护过程中发现学生表现出较明显的精神分裂等精神病症状时，要将情况上报学校有关领导，由学校决定对学生进行退学或休学处理，并帮助学生家长联系治疗机构。

今日反思

经验告诉我们，有严重心理问题的学生大都有着严重的家庭问题，因而，在实践中我们越来越感觉到，单纯地实施学生心理问题监护，甚至过多地把责任揽到老师身上，是简单且粗暴的管理行为。

首先，要分清学生不同的心理症状，有些其实完全是家长问题导致的，如父母感情危机是导致中学生情绪起伏甚至心理问题最常见的根源。在这种情况下，让心理老师介入学生父母的关系引导之中，包括推荐他们接受一些专业机构的辅导，往往会起到釜底抽薪的效果。还有一些则是祖辈看护长大的孩子，他们的抗挫能力，对不确定性的惧怕都与自小生活在祖辈的庇护下有关。对这样的学生问题的解决，一靠时间，给他们过去缺失却可以重新开启的经历；二靠家校联手，必须让所有老师和与孩子有关的所有家庭成员形成教育联盟，他们应该有明晰的目标、一致的价值观、长期合作的意愿，且具有耐心等待、允许反复的包容之心。对这类学生的教育其实不是监护，而是形成一个弥漫在他周围的氛围，一个充满期待、关怀和包容的环境。

对那些已经有严重心理疾病的学生，则必须建议家长带孩子到专门的医疗机构治疗，这绝非学校的心理教师可以解决的。对这样学生的管理学校应该灵活处理——今天看来，不一定让其退学或休学，可以保留学籍，根据其发展现状和学生自己的愿望，决定下一步如何就学或复学。

应一生一策，不因为制度的限制而影响学生的心态。

自我反省与自我教育

让学生给自己写信

在教育活动中，教与学是相辅相成的，教必须通过学起作用，如果不能把教师的教转化为学生的学，那么其教育的效果也就可想而知了。一个学生做错了事情，经常的情况下是老师给予批评，然后再教给他“应该怎样”“不应该那样”等。由于“忠言逆耳”的原因，在这种情况下，学生大都不是竭力争辩，就是被动接受，教育很难达到理想效果，事后学生甚至还会犯同样的错误。但是，如果我们把教师单方面的训导转换成学生的自我反省、自我教育，效果就会明显地不一样。让学生给自己写信，正是转换教育方式的一个尝试。

让犯了错的学生给自己写信，首先应让他们跳出自我的圈子，站在第三者的角度对错误进行客观冷静的思考，既分析犯错误的原因，又列举错误带来的危害，同时让自己告诉自己应怎样走好今后的路。

让犯了错的学生给自己写信，有时要进行几个回合，但老师必须及时肯定学生自我批评的勇气和分析问题的能力。即使有时候自我反省不很到位，也不要过分责怪学生，只能说明他对错误的认识有一个过程。只要老师能够站在帮助学生正确认识的角度，学生通常就会逐步接触到问题的实质，从而增强改正错误的信心。

今日反思

任何教育方式都不是万能的，也并不适合所有的学生，更不适应所有的教育情境。让学生给自己写信，可以是特定情境下的一种教育方式，万不可推而广之。

一般来说，对那些犯了错误或有了问题而并没有自我认知的学生来说，让他们给自己写信很容易成为“检讨书”的变式。这个时候的“信”往往充满了虚情假意，功夫没少费效果却不佳。如果他们确实开始认识到了自己的问题，有了改过的动机。这时候，如果通过给自己写信的方式，走入自己的内心，挑战自己的灵魂，对正确认识自我，寻找出现问题的根源，刨掉错误的病根，确实是一个不错的选择。但也往往因人而异，教育者应该因势利导，顺势而为，不可简单地让学生为写信而写信。

锻造后进生的意志品格

“无过失计划”

中学阶段的后进生之所以后进，问题往往出在意志品格上。他们已经初步具备辨别真假美丑、是非对错的能力，在许多时候出现一些过失往往是因为“不由自主”，缺乏自我控制、自我约束的能力。如果仅仅着眼于捕捉他们的日常过失，一味地批评、指责，就会使他们对自己丧失信心甚至产生对立情绪。因此，在做后进生的工作时，必须注重过程管理，循序渐进地让他们避免过失，逐步改变不良的习惯。为此，我们在各班推行“无过失计划”。

新学期一开始，由班主任老师帮助本班后进生查找自己过去的过失，列举由此造成的危害，分析出现过失的原因，以一周为单位制订逐步杜绝过失的“无过失计划”，然后每周由学生找老师自我总结一次，再以新一周缺点过失是“零”为阶段起点，制订下一周的计划，如此周周相继，过失逐步减少，最终落实“无过失计划”，达到育人目标。

事实证明，一个人完全可以自觉约束自己，让自己做自己的主人，从避免每一个极微小的疏忽开始，防止和消除言行习惯中的每一个缺点。这样，由于避免了过失，学生几乎挨不到批评，与同学之间的“磕碰”也消失了，彼此友好相处，师生关系更加融洽，学生更加自重自爱。

当然，在该计划实施过程中，不能单纯靠学生的热情来维持，班主任要注意随时观察研究，对学生既做些预见性的提醒，又注意解除学生的思想疙瘩；学校要定期表彰“无过失计划”达标单位和优秀学生，以巩固阶段性成果。

今日反思

说到错误或过失，这是 20 年来我一直反思的问题。一个学生成长的过程就是不断试错的过程，如果不去创设一种让学生安全犯错的环境，那么他或许今天在学校里看起来没有犯错，“无过失”“零缺陷”，但到了社会上就可能会犯更大的错。因此，在十一学校，我们提出，办一所不完美的学校，培养一批有缺点的学生，其用意就在于此。给予学生安全犯错的机会，才会产生真正的教育。另外，错误、过失与习惯培养是两个问题。对过失，我们需要创设安全的环境，等待学生去自我反省；对于习惯，我们需要通过建立不同年级的目标与规划来加以引领。同时，今天在十一学校的改革实践也让我深深体会到同伴关系的建立也是帮助学生反省错误和改善习惯的重要通道——身边有一个榜样的影响，往往才是学生成长的最近发展区。

给他们更多的关爱

问题学生导师制

问题学生是对那些在学习、思想或行为方面存在偏差的学生的统称。追究问题学生形成的原因，会找到多方面的答案，有学生自身的问题和家庭、社会的问题，也有学校教育的责任。问题学生有一个明显的特点，在生活和学习中处于被忽略的地位，他们的不良行为得不到正确和足够的引导。

为了使问题学生做到彻底转化，我们考虑了许多方案，但效果都不太好。最后，我们采用了“问题学生导师制”，终于使这个问题得到比较圆满的解决。

在一般学校里，学生工作主要由班主任来做，但班主任的精力总是有限的，他们往往没有足够的时间对问题学生进行教育和引导。“问题学生导师制”则是调动所有任课教师的积极性。让每一个教师负责一到两名问题学生，做他们的朋友，对他们的学习、生活进行“全天候”观察，并帮助他们解决学习和思想上出现的问题。

“问题学生导师制”使原先被冷落和厌弃的学生得到了重视，他们麻木、结冰的心开始复苏，他们潜藏已久的能量终于开始释放。“问题学生导师制”实施两年来，我校学生违纪违规现象大大减少，过去一些被认为“不可救药”的问题学生也开始在学校的各项活动中崭露头角，问题学生的学习成绩普遍提高，有些问题学生还成为学习标兵、德育先进个人等。

“问题学生导师制”触动了问题学生的心灵，使他们感受到了关爱，这是促使问题学生转变的奥妙所在。

今日反思

采取这种教育方式需要特别注意两点。第一，将“问题学生”作为一个中性的概念，定位为那些在一定时期需要得到特别帮助的学生，而并非专指“后进学生”。第二，让导师有意识，让学生不察觉，使教育能够在自然的状态下悄然进行。犹如生活中的“单向玻璃”，老师处在“玻璃”的一方，把学生看得一清二楚，而学生则处在“玻璃”的另一方，他们并不知道“玻璃”的另一面有老师在“处心积虑”地观察、研究他们。

目前的十一学校，由于没有了行政班班主任，问题学生的教育和管理就是在这一制度下延伸的。每个年级都有三至五位教育顾问，他们专门负责诸如此类需要特别关注的学生，协调各方力量对学生的成长施加影响，而学生本人并不知道。但教育顾问与之前的“导师”最大的不同在于，他们不用“全天候观察”，他们也永远不会把学生认定为“不可救药”，他们用自己的“专业”成为学生成长过程中那个“最懂他们的人”，他们知道什么时候介入最有效、什么时候需要启动老师们共同会诊、什么时候用什么方法可以让家长成为重要的力量。

当然，学校教育也常常是存在遗憾的艺术。在十一学校，有些教育顾问用尽所有办法依然看不到学生的改变，他们灰心过、懊恼过，但我们更看到那些让老师“遗憾”的学生却在上了大学、走上工作岗位后回来了，他们后来的变化同样让老师们感叹。

正视早恋现象

“你是一只‘青苹果’”

中学生的早恋现象始终是我们教育工作者备感头疼的一个难题。不知是儒家传统的影响，还是民族的劣根使然，对这一个问题，我们一直在边上侧目回避，边被动应付，常常处在一种十分尴尬的境地。事实上，对这样一个我们回避很久的课题要解决得好，就应该和做其他工作一样，首先是正视问题，然后是防患于未然。西方国家在处理这个问题上的做法有其文化背景做基础，我们切不可照搬。在我们东方，台湾忠信高级工商学校创办人高震东先生的“青苹果理论”非常值得借鉴。高震东先生认为，尚在求学阶段的女孩子只是一只“青苹果”，自己千万不要在青苹果的表面抹上一层红红的胭脂，故作媚态，让男孩子随手摘下来，咬一口又丢掉了，苹果可就再也长不上去了。几年来，我们在女学生中语重心长地灌输女孩子的“青苹果理论”，让她们明确“你是一只‘青苹果’”，着实让自己曾想红一回的“青苹果们”深思反省。当然，在《中学生礼仪》中有关发型、着装，乃至走路、说话方面的要求，也是保证女孩子们始终以“青苹果”的姿态出现的一些基本措施。

抓早恋，矛盾的主要方面在女生，因为人的生理和心理发展规律都告诉我们，女孩子要比男孩子早熟一两年，因而及早地在女孩子们中大呼一声“你是一只‘青苹果’”，其成效是十分明显的。

今日反思

高震东先生的这一理论与实践可谓苦心孤诣，我们在实践中也收到了一定的成效，但总的感觉是苦口婆心，跟家长的角色有点混同，并未从教育者的角度从根本上解决问题。

究竟怎样才算是“从根本上解决”？那就是首先需要认识到高中阶段男女生之间萌生的情感并不叫“早恋”，这是成长过程中特定年龄阶段的生理、心理规律导致的情理之中的事儿。我们需要做的是，通过健康的男女生交往方式让情窦初开变得十分美好，同时也为其建立起真正自爱、自尊的交往认知并得以走向美好人生奠定基础。

在今天的十一校园里，男女生交往出现了健康和谐、令人欣慰的局面。其根本原因是我们搭建了男女生交往的一系列平台：每位学生必选的戏剧课，规定了男女生的比例；学生社团的组建与评价，对异性也有一定的倾斜。正确地认识异性、接纳并尊重异性，只能在自我体验中养成。男女生交往的能力一定是在交往中形成的，男女生交往的尺度也一定是在交往中把控的。当我们学校有组织、有目标地推动着这一过程的时候，孩子们自然就会在我们的期待中顺势成长。

捕捉最佳教育时机

建立学生处分前后的心理约谈制度

办学校、搞教育，有些时候必然要用到“处分”这个惩戒武器。但是，使用它的立足点、着眼点应当是为了学生的成长和进步，因而，建立学生受处分前后的心理约谈制度，捕捉最佳教育时机，往往容易收到事半功倍之效。

在成立“中学生心理咨询中心”以前，我们对学生的处分也是十分慎重的，许多工作做得也比较细，但方法比较单一。由于角色障碍，站在学校、站在老师的角度，高高在上的说教比较多，朋友间的推心置腹、长幼间的指点迷津较少，而且，跟学生谈话教育的任务往往由直接参与处分学生的领导、老师来完成，因而心理距离、心理障碍也是客观存在的，学生接受教育的可能性大打折扣。

为了从学生的内心深处挖掘学生改正错误的内动力，我们在成立“中学生心理咨询中心”后，建立了学生处分前后，由心理咨询老师对学生进行针对性跟踪约谈的制度，心理老师首先扮演学生朋友的角色，既不代表学生，也不代表老师，从第三方角度开展工作，而且在开展工作前，通过班主任、任课老师、家长、原初中学校老师搜集第一手材料，使约谈工作有的放矢，对约谈学生的心理问题及时跟有关老师、家长有限量地沟通，以便配合工作。对有些一次约谈不成功的进行跟踪约谈，甚至相交为朋友，直至真正从思想上、心理上解决问题为止。

这样，学生教育又多了一个侧面，教育效益构成了互补。

今日反思

这项制度的起因是由于当时高密一中招聘了一位心理学专业的大学生，他的建议成了学校的一项制度。

目前，在十一学校的价值观里，有一条为“尽量以学生可以接受的方式处分学生”。在坚持原则的同时，在处理方式上富有弹性，于是，因为受处分而产生新问题的状况大大减少。

即使如此，第三方约谈仍很重要。尽管选课走班之后带来的师生平等氛围可以有许多老师具备第三方的条件，如科任教师、咨询师、没有参与处分过程的教育顾问，等等。但就某一位学生来说，我们仍然要确定一位与该生容易沟通的老师作为第三方，并将约谈结果作为会诊的重要内容。

超越自我与战胜自我

“寻找绊脚石”活动

古人云：“成才多为弱项误。”为了消除学生成才路上的障碍，促使更多的学生成才，我们在各班学生中开展了“寻找绊脚石”的活动。

为使学生明白这一活动的意义，我们首先跟学生讨论“绊脚石”对我们成功、成才的不良影响和危害，明确了“绊脚石”多了，会夺走一个人的勇气，挫败一个人的信心，扯住成功的衣襟，甚至会毁坏前程，耽误终身。

由于学生明确了“绊脚石”对自己成才的副作用，因此，在寻找“绊脚石”的活动中大家都很冷静、很理智，也很投入，对自己存在的缺点进行了毫不留情的、彻底的挖掘与剖析，因为大家都十分清楚，在这个问题上偏爱、袒护自己，是在人为地拉大自己与成功的距离。

为了加深对自己缺点的印象，我们让学生形成书面文字，分条逐项列出。他们有的写道“缺乏计划性使我不能有效地利用时间温故知新，学习处于被动状态”；有的写道“自制力差使我闲思太多，影响了成绩的提高”；还有的写道“对老师对同学总是比对自己要求高，使我始终找不到真正的友情”。

发现问题是为了解决问题，寻找“绊脚石”是为了搬掉“绊脚石”，疏通学生的成才之路。因此，在这之后，我们又引导、帮助学生制订解决问题的方案，落实学习、生活座右铭，以巩固效果。

这一活动的开展，使学生清晰地认识了自我，发现了问题，并通过分析找出了搬掉“绊脚石”的途径，为学生战胜自我、超越自我、走向成功铺平了道路。

今日反思

许多学生裹足不前一般都有明显的“阻碍性”关键问题。尽管旁观者看得清楚，学生本人却往往模糊不清。即使有的学生大概了解，也大都不愿或不敢直面，于是也就没有改进的可能。

寻找“绊脚石”正是改变自己的前提，也是一种找到问题并解决它的工具、方法。

其实，用在我们自己身上也很有成效。当我们在某一个领域遭遇挑战时，不必怨天尤人，而应清醒地理清真正的挑战何在，把可能出现的问题写在纸上。于是，就有了解决问题的开始。

一般来说，只要写下 3 ～ 5 个问题，解决其中 1 ～ 3 个可能的关键问题，其他问题往往就会迎刃而解。

引导学生改变不良习惯

“特殊讲演会”

越战时期，美国一所新兵训练营接收了一批从劳教所来的新兵。这批新兵没有文化，又沾染了不少恶习。怎样才能把他们训练成为符合标准的军人呢？训练营的军官用了一个“怪招”：他们经常印发一些家信给新兵们，请大字不识几个的新兵学着读、照着写。信的内容无非是告诉家人自己在军队里已经养成了新的生活习惯，如每天早上刷牙、晚上睡觉前洗脚、衣服鞋袜放得井井有条，等等，说来也怪，不久这批新兵果真克服了原来的坏习惯，变得军容整齐，精神焕发了。

很明显，心理暗示在这里起了作用。

为了帮助部分学生改变不良习惯，我们运用心理暗示的理论，借鉴新兵训练营里的方式，搞起了一个“特殊讲演会”。每学年一开始，我们注意查找新生中普遍存在而又比较难改的不良习惯，以此为主题，在学生中召开“播种良好习惯，收获辉煌人生”讲演会。这个讲演会不同于一般的讲演会，一是在讲演人员的选择上，注意选那些在生活或学习习惯上存在问题的；二是讲演的内容由老师把关，一般针对讲演人的特点，多讲一些讲演人本身不良习惯的危害；三是讲演会邀请讲演者的家长参加，以利于家长配合老师教育学生；四是讲演稿张挂在教室的相关专栏里，直至讲演人不良习惯得到纠正为止。

当然，这一系列环节要搞得富于艺术性，要做细致的工作，不能生硬为之。

今日反思

不要指望某一种教育方式的特殊疗效。一种教育方式或可解决某一类学生的问题，但还有许多问题需要采用另外的方式。如果我们的教育者能够降低对某些教育方法的过高期待，我们就会对学生的成长、进步拥有更多的耐心。

从这个意义上说，类似“特殊讲演会”这样的教育活动应该是老师们在面对不同教育情境时，可以自主选择、自主创造的教育方式，而不应该作为一所学校或一个年级统一安排的，甚至是一刀切的管理活动。如果类似活动能在师生中自然萌发、百花齐放，就是教育的良好生态。

搬掉女生成长路上的绊脚石

《女生二十个怎么办》

进入青春期后的女孩子，由于生理和心理上的巨大变化，常常会使她们陷入迷惑和彷徨，中学阶段的女生教育便成为学校教育的一个重要内容。

女生和男生相比，有许多难言之隐，而由于种种原因，我们的学校和社会并没有给她们提供必要的帮助和指导。女孩子来月经之前，很少有人告诉她们为什么会来月经，应该怎么办；中学阶段的女生身体在悄悄地发生变化，性意识开始萌生和发展，她们心中爱的种子开始发芽，但没有人引导她们将这种感情控制、升华为美好、纯洁的男女同学友谊；进入中学后，女生的成绩普遍下滑，失去了小学时代学习主宰的地位等。难道女生天生不如男生聪明吗？班级里女生之间不团结，敏感多疑、小气自私，难道女生果真心胸狭窄吗？类似这些让女生困惑的问题还有很多。

针对女生生理和心理的特点及她们学习、生活中经常遇到的一些问题，我们编写了《女生二十个怎么办》学习材料，由心理咨询中心的专职心理学教师指导她们进行学习。《女生二十个怎么办》道出了女生们热切渴望得到回答的一些难题，在女生中引起的反响很大。这使我们更进一步看到女生教育的巨大潜力，加大了对女生辅导的力度。这样的教育也成为我们探索和研究的一项教育内容。

女生比男生要面对更多的烦恼和挑战，学校教育可以适度向女生“偏斜”，以帮助她们搬掉成长路上的绊脚石。单独为女生搞一些教育，女生可以与男生同样优秀，这是我们实施女生辅导的深切体会。

附：《女生二十个怎么办》目录

1. 第一次来月经时怎么办？
2. 脸上长了青春痘怎么办？
3. 身材、相貌长得不漂亮怎么办？
4. 心情愉快不起来怎么办？
5. 情绪起伏、波动很大怎么办？
6. 对学习失去信心怎么办？
7. 数理化学习成绩不好怎么办？
8. 学习效率很低怎么办？
9. 与同学发生了冲突怎么办？
10. 对班里的男孩儿产生了爱慕之心怎么办？
11. 跟同学交谈时感觉没有话说怎么办？
12. 与老师发生冲突时怎么办？
13. 爱上了自己的老师怎么办？
14. 父母不接受我的意见怎么办？
15. 父母偷看我的日记、信件怎么办？
16. 父母经常吵架甚至离婚怎么办？
17. 女孩儿将来考不上大学怎么办？
18. 班里的男同学追求我、纠缠我怎么办？
19. 胆子小、羞怯怎么办？
20. 对同学产生嫉妒之心怎么办？

今日反思

这“二十个怎么办”到今天我们也没有完全解决好，原因就是我们这一代当老师的观念有问题。对这“二十个怎么办”，我们不仅上中学的时候没有找到答案，到今天我们在许多问题上仍然无解。对自我的陌生感，在相当多的领域里自我封闭，导致我们无法与学生共同面对这些难题，更缺乏深度探讨的勇气。

其实，青春期的男生同样需要类似的辅导。

第三辑

教育，最终给学生留下什么

有一次，学校组织了《老师，我想对您说》征文活动，一位学生的文章给了我们很大启发，他在文章中吐露了自己的真心话：“老师，既然我将来不想做数学家，为什么还要学那么多深奥难懂的代数、几何呢？老师，您曾说这些知识将来随时有用，可我高中毕业的舅舅，他工作了十年了，却一次也没用过函数和方程。”学生提出的问题在老师中间引起了很大反响。

事实上，学生的困惑，也是相当一部分老师的困惑。即使我们的老师，除了本专业的知识之外，中学阶段学到的许多知识不是也抛到九霄云外去了吗？下力气学会了，然后再全部忘掉，不应该是我们的最终追求。我们想起了爱因斯坦的一句话，他说，什么是素质，当我们把学校里所学到的知识全都忘掉之后，剩下来的才是素质。那么，我们的教学到底应该给学生将来“剩下”什么呢？我们的数学老师说，学习函数，以后生活中不一定用到函数，但是变量的思想在每一个人的生活中却是至关重要的，而变量思想的培养，通过函数教学是一条最佳途径。于是，学习函数，变量的思想便在学生头脑中扎下了根。这就是我们的教学追求。

我们的学科教育，可能不会对学生未来选择的职业产生直接的影响，但是，他们在学习的过程中形成的文化情感却是挥之不去的。他们从教育中学会了读书，学会了思考，形成了对科学文化的深深依恋，这样，教育就变成了一个人的终身需要，终身教育成为可能。这就是我们教育的成功。

在青岛嘉峪关学校，为培养孩子良好的竞争意识，锻炼他们适应未来社会的能力，学校的大队干部是采用差额选举的方式产生的。选举一结束，大多数人的目光往往都投向了当选的孩子们，而在这个时候，学校却专门为几个落选的孩子举行一个庄严的升旗仪式。仪式上，学校把每个人的优点向全校师生作了介绍，号召大家向他们学习。李振村先生在《关注心灵》中记叙了这个动人而又壮观的场面之后写道：“那面鲜艳的旗帜一经升起，便扫除了孩子们心中所有的阴影。人的一生，总有一些瞬间会成为影响终身的时刻。许多年之后，当岁月的流逝渐渐模糊了孩子们人生的许多细节，淡去了许多记忆时，或许在他们童年的心灵里升起的这面旗帜，依然会远远相随，陪伴他们的一生。”

这不正是我们的教育应该最终给学生留下的最宝贵的东西吗？

塑造学生健全人格

“三自”与“三高”

一个人是否有健全的人格不仅决定其生活质量而且还制约其事业发展的高度。而当前的教育在许多方面恰恰忽视了对学生健全人格的塑造，使许多人格发展存在缺陷或偏差的学生进入大学，走向社会，结果造成了大学里众多心理不健康的学生和社会上许多碌碌无为、毫无生气的劳动者。

“三自”与“三高”是我们所提出的健全人格的主要内容，“三自”指良好的自我控制能力、自我平衡能力和自我排除外界干扰的能力；“三高”则是指高雅的兴趣爱好、高尚的道德情操和高层次的人生追求。

作为一名学生，“三自”与“三高”对他们身心的健康发展和学习科学文化知识是十分重要的。只有具有良好的自我控制和自我平衡能力，才能避免自己经常陷入各种心理矛盾之中；只有具备排除外界干扰的能力才能将精力专注于所进行的学习等各项活动中。而高雅的兴趣爱好、高层次的人生追求是学生学习的内在动力和保障，它们与高尚的道德情操共同构成一个人成功的学业、事业，最终达到自我实现。

“三自”与“三高”是我们培养的目标，也是时代对全体公民提出的要求。可以预言，随着社会的发展和人们精神文化层次的提高，任何不重视健全人格培养的人都将成为时代的落伍者。

今日反思

“三自”与“三高”的培养目标容易确定，但如何通过学校的课程与教学使其落地却并非易事。

我们的体会是，只有把学校变为一个真实的社会，让学生自主经历类似社会的真实而安全的生活，才有可能实现育人目标。

譬如，自我控制能力的培养，只有校园里和社会上一样充满了选择、诱惑、不确定性的时候，才能让学生人性中的善恶显现，而在我们有设计的课程教学活动中，扬善抑恶，让学生体验到向善的意义。

譬如，自我平衡能力的形成。十一学校现在有 200 多个社团，许多初一新生对此很容易眼花缭乱，老师谆谆教导、家长好言相劝，都无法制止部分学生对社团过度参与的热情。尽管我们建议一位学生同时参与的社团不要超过两个，但仍有约五人之一的学生会选择参与三个以上的社团。于是，这些学生便经常出现顾此失彼的现象，不仅无法兼顾社团与学业的关系，甚至在多个社团之间参与的活动、任务不时地发生冲突，处处不讨好、出力不讨好的现象经常出现。只有到这个时候，他们才开始反思、改变。

家长、老师的建议为什么不起作用，因为教育是需要自主体验才能完成的。这个过程看上去让他们走了不少弯路，但他们从中收获的体验比失去的更有价值。

无“礼”寸步难行，有“礼”走遍天下

《中学生礼仪教程》

我国素以“礼仪之邦”而著称于世，在中华民族传统文化价值体系中，“礼”一直是其中的主导意识。礼仪，可以改善人与人之间的各种关系；礼仪，甚至可以调整政治关系。孔子曾讲过，一个人如果不学礼，就不能立足社会，“不学礼，无以立”。一个国家的安定与发展，也需要“立于礼，成于乐”。

开展以弘扬民族文化与道德为中心的礼仪教育，强化民族意识，规范礼仪行为，对家庭和睦、社会祥和、国家安定与发展，对提高全民族的素质，都具有重要意义。过去，在学校教育和家庭教育中，礼仪教育处于两不管的中间状态，学校把责任推给家庭，而家庭则过分地依赖学校。有时，即使进行一些这方面的教育也是零散无序的，缺少科学性、系统性和有效性。为此，学校编印了《中学生礼仪教程》，其内容包括礼以庇身，无礼不立；言行仪表礼仪；交友待客礼仪；节日庆贺礼仪；称谓通讯礼仪；公共交际礼仪；学校礼仪；职业礼仪等。并开设了礼仪选修课。这对提高青少年的整体素质，适应历史的大势与潮流是非常必要的。

身居礼仪之邦，应为礼仪之民，待到将来走上社会，走出国门，体会会更加深刻，无“礼”寸步难行，有“礼”走遍天下。今日播下礼仪种，明天开出文明花。

今日反思

实践证明，“礼仪教程”只有转化为礼仪课程才能真正让学生在体验中内化。

如何在学校课程体系中系统设计礼仪教育的元素，让学生在课程实践中体悟，是礼仪教育的前提。

首先，要高度重视学校自身日常活动的礼仪。每一位教师一言一行的以身示范、教师之间的文明相处、学校各种活动的组织安排，必须严谨规范，以潜移默化地影响学生。另外，还要设计以礼仪为重要内容的活动课程，如每年每个年级都会组织一届国家文化日活动，从初一到高三，6 年时间组织 6 个具有不同文化特征的国家文化日，让学生在自主设计、自我体验中感悟。当然，我们还把学校的日常接待任务交给学生社团承担，从外国使节、友好学校来访，到国内同行来校考察，都成为学校的礼仪课程。而每周一次的“名家大师进校园”，更是全程交给学生，从确定人选、邀请、共同商定活动主题到接待、后续管理“一条龙”下来，给学生带来全方位的挑战。

丰富学生人生营养（一）

一日文化三餐活动

中学生的生活圈子主要在学校，所接触的多为同学、老师、家长，所读的只是教科书和有限的课外书。而人生是多姿多彩的，单调的生活环境是难以供给学生丰富的人生营养的，他们需要更多人生的感悟，需要接触校园之外更广阔的天空。

“一日文化三餐”活动，从文化建设方面开阔学生的视野，增加他们人生思考的机会。人类生存离不开“一日三餐”，精神境界、人生追求层次的提高离不开文化熏陶。针对中学生生活、学习的特点，我们在学生早、中、晚饭后至课前的三段时间，设计了丰富学生人生营养的一日文化三餐活动。早饭后到上课前的时间 7:00 — 8:00，正是中央电视台“东方时空”节目时间，我们通过学校有线电视网进行转播，那开拓生活视野的“生活空间”节目总能让学生们增长诸多生活的阅历；那“浓缩人生精华”的“东方之子”总能激发起学生们追求高尚人生的热情。午饭和晚饭后的时间，学生可以收看电视网播放的经典名片、名曲，或者随电视镜头到奥运赛场体验夺冠的激动和自豪，有时还可以看一些世界各地的风土人情片，领略世界的雄奇伟大……

“一日文化三餐”活动提高了学生的文化修养，从多个层面加深了对生命的理解和感受，有助于培养、形成积极的人生观和世界观。

今日反思

20年前信息渠道狭窄，在学校可以掌控信息供给侧的情况下，这样的文化三餐有效，也会受到学生的欢迎。时过境迁，在今天这个时代，却另当别论了。

目前的中学生自主意识很强，他们不喜欢家长或老师的灌输。面对泛滥的信息，他们又缺乏筛选的能力，在有限的时间，如何让他们接受真正的文化营养，就需要我们顺势而为。

一是改“一日三餐”的定餐为随时可餐的零食。各学科老师结合自己的教学内容，融合、拓展、延伸相关的内容，可提供若干关联的图书、电影、网址让学生随时借鉴、学习。

二是将统一标准的大餐改为参与互动的自助餐。学生已经不是一张白纸，他们的背景、经历、经验各不相同，给他们提供多样、丰富、可选择的内容，往往更容易得到他们的认可。

我们希望今天的老师能够成为一只“蜘蛛”，希望今天的学校能够成为一个“站点”，去连接更广阔的世界。因为，过去一本教材就是世界，而今天整个世界都是教材。

丰富学生人生营养（二）

“三名活动”

“读名著、赏名画、听名曲”活动的开展，是建立在我们新的育人目标的确立和对基础教育及民族素质现状的思考之上的。

客观地说，在目前的中小学生中没听过《命运交响曲》，不知道《最后的晚餐》，甚至没有完整地读过一本名著的并不在少数，我们的教育，如果建立在这么一个基础上，为明天而提高民族素质的任务实在难以完成。

在《语言文化教育：语文学科应有的个性》一文中，毕唐书先生的一席话，给了我们很深的启发。文学是一个民族心灵的历史、情感的历史。不懂中国文学，就不懂“中国心”；不读《诗经》、诸子百家、屈原、司马迁，不背唐诗、宋词，不知《牡丹亭》《桃花扇》，不看《三国演义》《水浒传》《红楼梦》，不熟悉鲁迅、郭沫若、毛泽东诗词，就很难有一颗中国心。一个没有文学名著的民族是没有光彩的；一个不读文学名著，不珍惜、不尊崇本民族文学名著的民族必然是一个精神萎缩、堕落的民族。提高民族素质，科学文化素质应是核心；在科学文化素质中，文学素质应是基础。一个国家的中小学校教育是基础教育，基础教育是国民教育。在国民教育阶段，不进行必要的文学教育，谈什么提高全民族的素质?

同理，音乐、绘画的艺术教育对民族素质潜移默化的陶冶也是其他教育形式难以完成的。

我们学校的育人目标之一是“人格健全”，我们对“人格健全”的诠释其中有一个“三高”的要求，即高尚的道德情操、高雅的兴趣爱好、高层次的人生追求。我们非常清楚要落实好这样一些目标，说教的力量在这里显得十分苍白。

“三名活动”正是在这样一个背景下产生的。

读名著，首先是确定书目。我们首先为小学、初中、高中三个学段确立了各自基本的精读、泛读篇目。高中阶段的阅读我们每周都安排了两节文学选修课，加上节假日，时间不成问题。对初中、小学，我们则通过政策机制予以引导，在每年的招生考试中，我们专门增加了一项“名著欣赏”的加试内容，使学校在日常教学和假日学习计划安排上都增加了一项新内容，这甚至造成高密城区书店里的名著一时“洛阳纸贵”，十分抢手；书店的人们跑遍大江南北、黄河上下组织名著；有学生的家庭都摆上了或十几本或几十本名著，成为高密家庭的一道风景。

赏名画和听名曲也同样存在确定欣赏内容的问题，它不同于读名著的就在于必须加强辅导，或举办专家讲座，或举办专题报告，确定好主题，即使只是请老师、学生一起智者见智、仁者见仁，也不乏是一种提高欣赏水平的办法。

在《巴黎圣母院》中分辨美丑善恶，在《命运交响曲》中领悟追求人生的卓越，在《父亲》的画面前陶冶热爱劳动、勤劳节俭的情感。当“三名活动”弥漫整个校园的时候，我们对明天学生健康的人生也就有了一些基本把握。

今日反思

高密一中时期的读名著活动，基本局限于文学名著。根据不同学生成长需求和每位学生健全营养的需求，名著还应该包括人文和科学领域，比如，《万历十五年》《汉字王国》《数学家的眼光》《科学的历程》，等等。而承担这项阅读推动工程的自然不应仅限于语文老师，各个学科的老师都应该有明确的目标，让自己在日常的教育教学中影响学生。

赏名画的前提是把学校变成一个艺术博物馆。要在学生学习和生活活动频繁的区域展出最值得学生欣赏的名画，且定期轮换，同时要配有多种形式的学生点评、作品赏析等。

赏名曲活动重在普及，主要针对音乐素养相对欠缺的学生，梳理学校举行的各种活动，配以相应的名曲，当然要注意价值观把握。

其实，类似20年前的问题依然存在。譬如，校园里是否允许学生携带并使用手机一类的事情，仍然考验着我们的教育良心。我们的许多做法是为了眼前的分数，还是为了未来的素养，在二者不容易统一的时候，现实的我们往往仍然会不假思考地选择前者。

把握现在，赢得未来

校训：“为四十岁做准备”

西方人认为，40岁是一道门槛；东方人认为，40岁是一段辉煌。说门槛也罢，说辉煌也好，都是为人生设计的一个高尚的目标。“为四十岁做准备”的校训就是我们着眼于学生40岁的辉煌和将在未来20年时间经历民族的振兴而确立的。

高中生一般都在15岁到18岁之间，从人才成才规律看，经过20年的努力到40岁时，他们的人生趋向基本定型；从社会发展规律的角度说，一个国家和民族的变化，经过20年的发展往往也会有一个新的突破。因此，我们培养学生的目标不仅仅是把学生送进高校大门，而是把它作为一条途径，把培养目标的落点，放在学生将来能够适应社会、立足社会、改造社会、创造人生的辉煌上。对此，我们为校训写下了一段释文：

十八岁是美丽的，而人生旅程中最绚丽的一页却应该在生命的四十岁时翻开。不要说四十岁有多么遥远，二十年其实是弹指一挥间。虽说四十岁就在眼前，但二十年的历史跨越，足以让我们眼花缭乱。虚度今日，等待你的将是无尽的悔恨和遗憾。追寻先贤成才路，浩瀚人世间，我们定会发现，四十岁的辉煌，却来自于十八岁的志向，二十年的血汗。珍视你拥有的青春年华，好好地把握现在，才能真正赢得未来，才能将那如日中天的四十岁勾画得绚丽璀璨。

实际上，校训的更新，出自我们教育观念更新的飞跃。为了铸造40岁的辉煌，我们相应地确立了16字育人目标：“志向高远、人格健全、基础扎实、特长明显。”

今日反思

当初提出这样一个校训，主要是为了回归教育本质，避免社会上对教育急功近利的干扰。

那个时期，围绕素质教育和应试教育还有着激烈的争论，有些权威人士甚至还在公开的媒体上发表文章批驳素质教育，诸如“应试教育要理直气壮”“抓分数要抓出血来”的文章还很有市场。老师迷茫、家长困惑，导致学生不知所措。这个时候，特别需要用通俗易懂的语言阐释我们的教育价值观，引领大家朝向一个共同的目标。于是，经过近两个月教代会的审议，“为四十岁做准备”的校训应运而生。

20年后的今天，我们似乎无须为这样的教育追求而争论，但并不意味着我们可以轻视关于“培养什么人”“怎样培养人”的思考。在十一学校，我们把经过教代会深入讨论的学校愿景写入《北京市十一学校行动纲要》中的学校战略章节，提出我们的使命是：创造适合学生发展的教育，将“十一学生”塑造成为一个值得信任的卓越品牌；把十一学校建设成为一所受人尊敬的伟大的学校。十一学生应该志存高远、诚信笃行、思想活跃、言行规范，成为志远意诚、思方行圆的杰出人才。

和平幸福与艰苦卓绝

校徽鹰爪鸽的确定

校训是一个学校的灵魂，校徽是学校的一面旗帜。我们在确定了“为四十岁做准备”的校训后，又产生了自己的校徽——鹰爪鸽。

鹰爪鸽由一只耸身远眺的白色和平鸽鸽身和一双强劲有力的鹰爪组成。当初，这一创意缘于我们的校训和“志向高远、人格健全、基础扎实、特长明显”的 16 字育人目标。

雄鹰，展翅翱翔、搏击长空，是有远大志向、崇高理想的象征；它的双爪粗壮有力，能攀紧峭壁、抓牢虬枝支撑身体雄立傲视，是根基深入、强劲有力的化身，因此，我们取“鹰爪”作为校徽的一个组成部分，寓意要有“高远的志向”“扎实的基础”，要用顽强的意志、坚韧不拔的拼搏精神去追求高尚的人生价值。鸽子是和平的使者、幸福的象征，人类追求的终极境界就是和平、幸福；鸽子又有“千里间巢”的独特的本领，能传递信息，因此，取鸽子作为校徽的主体部分，就预示了“健全的人格”和“明显的特长”。鸽身与鹰爪组合的和谐统一、浑然一体，也预示着学生追求完美的人生。

从设计上看，耸立的鸽身与其弯曲的双翼构成“一中”字样。鸽的双翼又构成环形跑道，象征洋溢着青春气息的校园。

校徽鹰爪鸽告诉我们，要想追求人生的幸福就必须付出艰苦卓绝的努力，启示着每一位学生要谨慎地把握现在，奋力拼搏，赢得 40 岁时的辉煌！

今日反思

在中国优秀传统文化中，《道德经》的贡献无可替代，特别是其中的平衡思想影响深远。汉语中若干勉励性的词汇也往往体现了这样的价值观，如琴心剑胆、熊胆鸽魂、外圆内方等。

无论是鹰还是鸽，任何一种形象都无法全面体现学校的育人目标，于是，把两种截然不同，甚至某些方面还有些冲突的形象组合在一起，则比较好地诠释了我们的价值追求。今天十一学校"思想活跃，言行规范"的校训，其实也体现了这样一种平衡的思想。

让学生体验成功（一）

封面发表学生的作品

我们高一年级有一个活跃的幼林文学社，社刊为《幼林》。老师们的原意是希望从这里长出未来的参天大树。组稿、编辑、校版、付印，一切都在大家生动活泼的忙碌中运行。可是，有一天，一个互不相让的问题推到了我的办公桌上，要我表态，问题就是，《幼林》的封面该发表谁的作品。

候选的作品是两幅摄影图片，一幅是我们高一年级一位女同学的作品，题目是《希望》，画面上是一丛在晨曦中萌芽的充满生机的木槿。这丛木槿原就是这位女孩子负责管理的，从加入摄影协会，她就下决心要拍一个以她自己的木槿为背景的图片。据她的同学说，为抓拍晨曦的镜头，她七旬的姥姥专门负责为她掌握天气预报。这个作品，是从近 40 幅看上去都不错的图片中甄选出来的。主张发表《希望》的老师、同学们理由非常朴素：《希望》来之不易，总得考虑我们同学的自尊心吧。另一幅作品更是无懈可击，无论从内容上还是从艺术上都堪称精品，这是我们学校一位老师的作品。他作为市摄影协会的会员，去黄山参加一年一度的观光摄影活动，拍下了《黄山遐思》这幅作品。语文教研室的许多老师坚持选用的目的非常明确，我们的《幼林》刚刚在全国中语会的年会上获奖，这个《黄山遐思》一发表，肯定又会在语文界为我们的学校和刊物增色不少！

我没有，也不能立即表态。我给他们讲了这样一个故事：在一所著名学校的著名校长的办公室里，洁白的墙上没有一张名人字画，尽管许多名人送的字画就放在校长的抽屉里。这里挂满的却是学生们充满稚气的书画作品，而且这位校长煞费苦心地设计了不少栏目，每月每周甚至每天都有新的更好的作品替换下过去的作品，校长室的期待最终使这些学生走上了人生的辉煌，这所学校也因此成为名闻遐迩的人才的摇篮。

该发表谁的作品，答案已十分了然，由此引发的讨论却不能到此打住，于是，在我们许多老师的“教学感悟”中又增加了一些新的内容：怎样更多地让学生体验成功。

今日反思

从表面上看，类似20年前这样的争论已不复存在，封面发表学生的作品在绝大多数学校也成为常态。然而，围绕如何成功酿造学生的信心，却并不容易在校园里破题。

学生的自信来自哪里？如果不分青红皂白，给每一位学生都有封面发表照片的机会，是否就意味着尊重所有学生了呢？对那些没有摄影天赋、作品甚至还不能令自己满意的学生来说，如果发表他们的作品，无疑是让他们丢人现眼。学生获取自信的前提，应该是唤醒自己的潜能，发现自己的天赋，展现自己与众不同的才能。我们说，教育的根本任务是帮助学生唤醒自己、发现自己，最终成为自己，说的就是这个道理。

让学生体验成功（二）

在最显要的位置镶挂学生的作品

在这之前，我们和大部分学校通常的做法一样，在学校的显要位置，包括教学楼的走廊上、实验室的墙壁上、办公楼的门厅里镶挂着许多大科学家、大文学家的画像和名言，名家们宽厚的微笑、深邃的思索、热切的期待，给了一代又一代的中学生们许多有益的启示。

其实，在学生的心目中，典雅庄重的镜框里镶的是成功。

在“成功教育”教科研课题讨论会上，如何让学生在更大的范围里、从更广泛的领域里体验成功，成为老师们议论的焦点。于是，大家想到了一位老校友，一位女作家的成长经历。这位作家曾经在校庆座谈会上告诉我们，她之所以能够走上文学之路，就因为有一次作文竞赛时她偶然写得好的一篇文章被认真的老师用笔端端正正地抄出来，挂在学校那个唯一的阅读栏里待了整整两周。于是，她终于成为作家了。自然，这中间有汗水、有苦恼，肯定也有许多曲曲折折，但无论如何这最初的一“挂”，对作家的诞生确实有着不可替代的意义。

于是，我们校园里又多了一项引人注目的镶挂，在可以和名家镶挂相媲美的显要位置上，学生们的摄影、绘画、书法，晚会上的舞姿、运动场上的潇洒被镶嵌在漂亮的铝合金镜框里。

今日反思

眼下，校园到处悬挂学生作品已经蔚然成风，带来的问题有时候反而是对学生的轻视。这其中，有两点应该引起关注。

一、是在悬挂的位置和方式上的思考

细分校园内可以悬挂学生作品的场所是前提。教室内、走廊里、内厅中，不同的场所应该赋予不同的内涵，不同的场所应有不同的管理主体。即使同一个教室内不同的区域位置，也应该有不同的意义。作品应该悬挂在何处，悬挂在何处代表着何种意义，应该形成师生的共识。另外，校史馆、会见厅、剧场、艺术馆等学校一些显要的场所，则应赋予更多的意义。在这里悬挂的作品要定期轮换，有些撤下的作品也可以拍卖。

二、是对悬挂的内容和主体的思考

如果悬挂的主体主要是学校，而不是在学科、年级或学生社团层面，也会陷入同一个标准，变成“最高水平”的展示，容易导致对多元视角、创意程度及不同思维类型多元标准的忽视。另外，在悬挂过程中，如果能够让学生作品与大师作品同处一室、能够为学生的作品标价交易、能够展示作品背后的更多情怀故事，那么从设计到相遇就会在校园中不经意间产生可遇不可求的教育力量。

培养自信

让学生找出自己的闪光点

缺乏自信心的人，往往人云亦云；工作起来，往往亦步亦趋，随波逐流，宁愿信鬼、信神、信本本，就是不相信自己。这样的人是缺乏独立人格的。

童话《皇帝的新装》中的皇帝、王公贵族、官吏大臣、芸芸百姓，都不相信自己，因此都做了一次傻瓜，而道出真相的竟是一个孩子。

我们在教育工作中，开展“让学生找出自己的闪光点”的活动，以培养学生的自信心。

为了把这项教育活动搞好，我们先让学生到阅览室查阅历代名人如何拥有自信的故事。通过读书，学生发现，孟子的“如欲平治天下，当今之世，舍我其谁也”是这种心态；陈胜少时“嗟乎，燕雀安知鸿鹄之志哉”也是这种心态；项羽见到秦始皇威风凛凛的大队人马时，说的是“彼可取而代也”；毛泽东在《沁园春·雪》中，历数中国历代帝王之不足后，写下“数风流人物，还看今朝”的著名词句，等等，都是自信心的表现。自然，学生从中受到了教育，认识到了自信心是人们认识自己、把握自己、发展自己、成就自己的原动力之一。接着，我们让每个学生为自己找闪光点。闪光点分为思想行为、学习生活等多个方面，记入学生自我档案，一个学期对照检查一次，让学生在检查自己闪光点“亮度”的过程中，不断确认优势，看到进步，鼓舞信心。

在活动的同时，我们还告诉学生：自信心作为人的意志品质的一个重要构成要素，是不可缺少的，但它的极端却表现为狂妄。过高估计自己力量及有利因素、过低估计对手力量及不利因素则成了“夜郎自大”“不自量力”。在树立自信心的同时，我们还告诉学生，重要的是谦虚。“山不厌高，水不厌深”，一个人只有虚怀若谷，才能保持清醒的头脑，才能正确地发展自己。

今日反思

培养学生的自信，还有一个因素在今天这个时代显得尤其重要，那就是同伴的力量。让同伴之间互相发现闪光点，利用现代技术平台去展示和传递赞美，让本人能够在他人的评价中多一重看待自己或成果的新视角，这是增强自信的一条新途径。当然，最终让学生自我认可、珍藏于心是他们获取自信的根本。

在这样的过程中，老师还应该在学生已有的闪光点之外，给学生创设“相遇”的舞台，提供不一样的机会，让具有不同个性、潜能的学生尝试一些他们从未涉足的领域，以增加全新的体验，创造新的可能性，养成他们敢于探求、创新的品格，在不断拓宽自我视界的背景下获取更多的自信。

为学生树立校园明星

“每周一星”活动

从上小学起，学生就从课本上学到邱少云、董存瑞、雷锋、黄继光等英雄人物，了解到居里夫人、爱因斯坦、牛顿等科学家和鲁迅、雨果、托尔斯泰等文学家，这些舍生忘死的英雄人物、献身人类事业的科学先驱和文学巨匠，理所当然地成为他们学习的榜样。从他们身上学生确实学到了许多宝贵的东西。

但从另一个方面说，由于我们的学生并没有身处那样的环境，对那样的壮举也无法感同身受，这样会使他们感到榜样离自己很远，渐渐地产生可望不可即的心理，如同雾里看花。就像我们看一场电视歌舞晚会，虽然导演精心策划，演员们认真排练、演技也很高超，但往往激不起我们多大的情感，但当我们自己单位组织一次这样的舞会，虽然舞姿不怎么优美，甚至还会出现很多错误，但我们却感到很亲切，一样能激起我们感情的涟漪，因为这毕竟是在我们身边的活生生的人和事儿。

因此，从学生身边找教育素材，为学生确立学习目标，就成了学校的一件大事。除了镶挂学生的作品外，我们开展了“每周一星”活动，根据学校的实际情况，每周推出一名品学兼优或特长明显的学生把他的照片放大，主要事迹及本人寄语打印、装框，挂在校园的显眼处，同时校电视台也进行采访并播放专题。

这样，学生赶有目标、学有榜样，学习先进人物再也不是什么可望而不可即的事了，整个校园形成了一种人人学先进、个个争先进的局面。

被推选为校园明星的学生有一种荣誉感，对自己的要求更加严格了，有了更高的人生追求。

今日反思

现在的十一校园里一直坚持推出“每月百星”，而“百星”的遴选并不是以“品学兼优”为标准，而是以在某一方面有良好表现的学生为主要表彰对象。

如果仅仅是每周在全校推出一位学生，且要求品学兼优，那就会给当选者带来很大的压力。在一段时间里，他们似乎生活在聚光灯下，日子很不好过。再说，品学兼优者往往近乎完人，仍然会让同学们感觉可望而不可即。

“每月百星”活动，一年下来即有一千余名学生被表彰，在4000人的校园里，这使每一位学生身边都有榜样。因为只要是单项突出即可上榜，因此，所有学生只要努力即可入围。当然，把年内表现特别突出，对学生有特别教育意义的学生遴选出来，在年末推出“年度十佳”，可以给活动赋予新的内涵。

让学生接近成功

镜框里的名家还可以是校友们

既然在校园里最显要的位置可以镶挂学生的作品，那么可以镶挂的就应该更多，只要与我们办学的宗旨相一致。

事实上，单纯从受教育者的可接受性上考虑，越是他们身边的、越是他们熟悉的，他们就越容易认可，对他们的影响就越大，这是连不懂教育学的人也懂得的教育道理。

我们想到了建校 50 年来在各行各业建功立业的老校友们，在我们的校史展室里，学生已经初识，能不能让他们走到学生心中，像牛顿、爱迪生一样给他们点燃希望之火？于是，大家索求照片、征集名言、撰写小传，终于，代表成功的镜框里又镶上了学生熟悉的名字、亲切的面容、亲切的经历。

让学生接近成功，让他们知道成功可望又可即。

今日反思

在校园里展示校友们的成功事迹，可以一举多得，让在校生受到激励，让老校友更加热爱母校，还可以让老师们感受到工作的价值。

现在的十一校园里除了博物馆之外，还专门辟有一块固定的橱窗，叫作“十一学子和他的老师们”。每当展示一位杰出校友业绩的时候，必然同时展示这位学生在校时的所有任课老师，如有合影当然最好，没有相关照片，则必须把所有该校友当时的任课老师的名字一一列出，以示对当年老师言传身教、谆谆教诲的尊重。这样的展示，很自然地让在校老师们感受到了教师工作的价值，极大地增强了责任心和自豪感。

在选择推介的校友时，我们特别注意选择各行各业的从业者。无论是科学家、企业家、学者，还是艺体明星，或一名工人，都是关注的对象。一方面为了印证“行行出状元”的观念，让在校学生能够借此理性审视自己的职业选择；另一方面，也可以兼顾不同学科老师的感受，他们的价值往往体现在不同行业、不同个性学生的成长之中。另外，我们还注意选择不同年龄的校友，既有功成名就、年届退休的老校友，也有刚刚踏上社会的年轻新锐。这样的选择，是为了激励不同年龄的老师，既让已经退休的老教师感受到自己人生的意义，也让仍在校园里耕耘，甚至刚参加工作不久的老师体悟到教师职业的价值。

当然，通过获得成功的老校友启发在校生进取，这是一般学校都在做的事情。但对刚毕业或毕业多年的学生，我们往往想得不多。既然我们经常说要为学生的终生发展负责，那对毕业后的学生的成长也应该记挂在心上。母校通过梳理、总结、展示他们的成长与业绩，对他们本人或其他校友形成新的激励，这无疑是他们成长路上的加油站。再有，也只有一所学校不断地记挂着毕业的学生们，这所学校也才能持久地被校友牵挂，而真正成为他们梦绕魂牵的母校。

给学生反思的机会

作业簿上的红“？”

在有些学生的作业簿上，将“×”变为“？”，并非我们的独创。过去就有人在批改学生的作业的过程中，对出现错误的题目不使用“×”，而是在出错的关键部分画上一个红“？”。待学生改正之后，再在“？”上划一个“√”。就是这小小的一个变化，却对一些学习成绩落后的学生产生了神奇的效力。

教师给学生批改作业，既是教学的需要，也是一种对学生的评价过程。对批改结果，学生也会产生不同的反应。作业簿上那一排排鲜红的“√”，对学生是一种赞赏和鼓励，而作业簿上屡屡出现的“×”，对学生的自尊心却是一种无声的打击。红“？”保护了学习落后学生的自尊心，同时也给他们提供了一个转化的机会。

其实，学习落后的学生比学习好的学生更需要“√”的鼓励。但作业本上分明的错误，教师又不得不给学生指出来。红“？”既指出了学生的错误，又使学生感受到教师的关怀和激励，鼓舞他们克服眼前暂时的困难，将一个个红“？”变成红“√”。

红“？”还包含了教师对学生的一种期待和暗示，暗示学生可以改变自我，相信学生有能力使作业簿上的“×”消失；同时也表达了教师期待学生从今天做起，改正作业簿上错误的愿望。

红“？”反映了一种温和、民主的教育思想。学生在某些方面出现失误时，教育者能够给学生一个反思改正的机会，而不是一棍子打死。这既有利于问题的解决，也是对学生自尊心的保护和尊重。

今日反思

从作业薄的视觉效果来说，过多的“×”号确实给人不愉快的心理感受，提倡将“×”号改为“？”，有一定的道理。

我小学五年级时，遇到一位全科老师在我语文、数学所有的作业簿上，包括考试卷子上都从未打过“×”，甚至也从未打过“？”。这并不是因为我没有错误，而是他不忍心给打“×”。每每遇到我出错的时候，他总是把我叫到跟前，指出错误的题目，启发我思考为什么会错，并让我用橡皮擦掉错误的部分重新再来一遍。其实，从根本上说，什么样的符号并不重要，重要的是师生关系。老师对学生怀着一颗什么样的心，做出的事情便大不相同。同样一个“×”，有的学生感受到的是一种严厉背后的高期待，有的则看到的是一种冷漠，甚至在有的学生那里，他已经体悟到老师的某种厌烦。而同样一个“？”，也会让不同的学生产生不同的感受。

教育学其实首先是关系学，如果你不爱你的学生，那么，你的教育还没有开始，就已经结束了。如果不解决师生关系问题，只是在批改作业的符号上做文章，那也只是表面行为，效果不会有大的改观。

学生以此为荣

征集封面题字

封面是书刊的脸，其设计水平高低直接影响着对读者的吸引力。因此，办刊者在封面设计上精益求精，总是千方百计请名家为封面题字，有的请不到名家就用微机字库中的个性化手写体字样，可谓绞尽脑汁。这两年来，我们学校印刷的书刊封面题字既不请名家，更不用微机字库，而是从学生中征集。

封面题字征集的过程其实是一个激励学生进取的过程。学生懂得封面用字不同寻常，它们尤其引人注目，应发挥出自己的最佳水平。每次书法协会会长通知征集封面时，校园内的小书法家们就都忙了起来，积极练笔参加，他们都想抓住这些施展才华的机会。经评委评定确定最佳题字后予以采用，并在发表时注明题字者的姓名及班级，我校出版的《追求者的人生》《百篇著名演讲词》《走向人格完美》《七色光》等书刊，甚至学术报告厅门口及教学楼顶的大字，都是从学生中征集题写的，如不说明是学生所写，也许你会认为是出自哪个名家之手。

名人为一本小册子题字并不以为荣，学生对这些名人也并不熟悉，对学生起不到多大的教育效果，而我们学校书法协会的学生却通过封面题字确实感到自身的价值得以体现，面对老师、同学、父母时也以此为荣。有的学生除了珍藏起样书外，还花钱买了一部分送给朋友留作纪念。当他们分送的时候，心中总洋溢着一种成就感，对自己充满了信心和希望，从而也带动其他方面的进步。

今日反思

与悬挂用镜框装起来的学生作品一样，封面征集学生的题字，也是给学生搭建成功的平台。只是比起镜框来，封面更具有流动性，可以走出框门、推向社会。

离开高密一中去高密市教委工作后，我主持建设的第一所新学校叫康成中学。一所新校由谁题写校名引发了关注。后来，我们还是决定在招收但尚未入学的第一届新生中征集。经过层层筛选，专家评审，最后采用了一位12岁女孩的作品。当然，其他未入选的优秀作品，也被用在了学校各种场所，所有作品均收藏在学校的校史馆里留存展示。

在十一学校里，我们当然尽最大可能把机会留给学生，大楼的命名、老师出版物的序言、重要外事活动的礼品，大都出自学生之手。这看上去仅仅是为学生提供机会，实则是对教育目的的坚持和对孩子的尊重。当我们用平台思维去办一所学校的时候，就会发现其实我们在回归教育的本原，就是面向全体学生，给予每个人更多的机会。也只有在这样的平台上，学生才会按自己的方式生长，让教育者看见真实学习的样子。

创设第二语言交际环境

英语晚会

外语教学，重要的是培养学生听说读写的能力，让其能够顺利地阅读与交流。可是，长期以来，我们往往只重视了学生的识记与书面表达，枯燥地背单词、机械地记语法、生硬地做翻译。要听，目瞪口呆；要说，难以启齿，培养的竟是一个个外语“聋哑儿”。要彻底解决“哑巴英语”现象，主要还是在课堂教学中增加听说的教学，但课外积极创设第二语言交际环境，如举办英语晚会、创设英语角，也会对学生外语交际能力的提高产生很好的推动作用。

英语晚会，一般每月一次，放在周末举行。晚会强调学生的广泛参与，要求每个学生至少参加一个项目的活动，全过程必须用英语表达。活动的内容重点体现学生自编、自演，自主参与，包括趣味故事、名人轶事、历史地理知识、小品、诗歌、英语歌曲，等等。在活动过程中，学生不再靠死记硬背，而是灵活运用，充分展现自我。学生可以放开手脚，大胆参与，出了错误也无人讥笑，大家一起纠正。这样，在一种既紧张又欢乐的氛围中，学生语言交际的能力得到了提高。

英语教育虽不是母语教育，但同汉语言教育同属语言教育，有着共同的特点，那就是需要多读多练，注重应用。如果我们将课内的教学与课外的英语活动有机结合起来，学生的外语交际能力也就不难形成了。

今日反思

英语晚会只是一个入口，其实质带动的是学生筹备晚会这一段时间里的互动交流。

这一思路可以用到诸多学生活动的设计之中。许多时候，我们往往怀着一种“负责任”的态度，过多地干涉学生成长的过程。即使学生自己的活动，我们也大都不自觉地把控在老师的手中。于是，老师累，学生烦，效果不佳。

英语晚会一类的活动之所以深受学生欢迎就在于把准备的过程放给了学生，让他们自己去“折腾”，而“折腾”的过程恰恰是实现我们预期目标的过程。需要注意的是，此类活动一定要提前告知学生，最好在学期初即公布全学期的计划、标准、目标，以便让学生做到心中有数，有广泛的选择空间和充分的准备时间。

引进时代活水

《半月谈》辅导教材

政治学科及政治高考命题，强烈反映国家意志和时代特征，这就要求教学必须紧密结合时事重点、热点。但由于缺少时事内容的载体，时政教学支离破碎，贯彻理论联系实际的原则难以操作。经过一段时期的探讨，我们选择了时效性、理论性、全面性、权威性都很强的《半月谈》作为辅助教材。此举，为教师进行政治课教学，学生学好时事政治开创了一片新天地。时政教学走上了规范化的路子。

如何把作为辅导教材的《半月谈》使用好，教师的集体备课是关键。面对每期 20 多个栏目，近 40 篇大小文章，教师先行一步，根椐教学需要和中学生接受水平、认知持点，设置情景、设计问题，选择时政内容在课本理论知识上的认知停靠点，以此确定学习重点，并判断问题掌握的程度，以提高使用效益。在组织活动方式上，以促进教材内容和时政内容的有机结合为原则，采取自学、讲座、竞赛、讨论、演讲等多种形式。

可以说，《半月谈》给学生提供了把握基础知识、理解时事政策、关注国内外热点、活跃思想、锻炼思维的园地。

今日反思

其实，越是呈现出多元特征的今天，越需要类似《半月谈》这样一种主流媒体的帮助，为政治教学连接起学生世界观的形成提供一个权威的声音提示。

当然，今天的《半月谈》已经有微信版了，师生使用起来更加方便，学生还可以加入其中的“时政大家谈”“时政热点”与校内外的人们互动交流。

另外，如何利用好辅导材料，让它在最接近学生学习的地方发挥作用，并同时促进教师专业发展？今天的十一学校通过明确学科组、教研组和课程组的职责，让一门学科的发展既有始终瞄准前沿发展的眼光，也有保障学业水平质量的机制，还有发挥教师专业优势的空间，形成纵横交错的立体架构。同样是使用《半月谈》等辅导材料，不同组别的定位和研究重点不同，这样或许就能够更好地发挥资源的作用，更好地使学生受惠。

拓宽视野，锻炼思维

每周新闻综述

时事政治教学，是中学思想政治课教学的一个重要内容。以前的做法是：临近考试，老师印发“时政提纲”，学生枯燥地死记硬背。这种事倍功半的做法，长期困扰着政治老师。

我们经过认真思考后，认为时政教学的关键是要遵循政治教学规律和学生认知规律，寻找时政知识在课本理论知识中的关联点。为此，我们学校政治教研室在“时政教学”中，增设“每周新闻综述”改革项目。

“新闻”主要来自“新闻联播”中的国内外大事、时事动态。先由校电视台录制，政治教师帮助剪辑、监制。每周末拿出时段由校内电视台向各班播放。然后，根据录像带内容，设计好问题，呈现在发给学生的一张16开双面表格中。表格共有4部分：① 本周时事要闻，包括国内部分和国际部分；② 本周时事重点、热点与政治教材结合点及分析，包括与经济常识、政治常识、哲学常识的结合点及分析；③ 本周时事内容与其他学科结合点及分析；④ 本周时事内容学习体会及其疑点、难点。学生在周日晚上用一节课的时间看完自制节目，并讨论和填完表格。

这项活动，充分利用了电化教学设备，引导学生关心时政，提高了学生的学习兴趣，拓宽了课堂教学领域和学生的视野，锻炼了学生的思维，从而培养了学生运用基础理论分析和解决实际问题的能力。

今日反思

20年前进行的这项活动，尽管具有开阔学生视野、培养学生能力的目的，但更直接的动因还是为了考试。再加上那个时代信息来源相对单一，因而，每周汇总，定期回放，还可以得到学生的认可。

时至今日，我们已经不可能每周囤积新闻，也不可能延迟分析新闻的时间，而且师生获取新闻的渠道与时效完全没有什么差别，甚至很多时候有些学生的信息渠道比老师都丰富多元，同时再加上各种即时性的剖析评论莫衷一是，许多时候甚至出现压倒性的误导信息。这时候，老师的作用已非过去的“每周新闻综述”，而是引导学生正确地获取信息、筛选信息，分析、鉴别、察觉的能力培养、视角校正，这些显得特别重要。鉴于许多新闻事件需要一定的时间才会披露全面的信息，也由于诸多事情需要在众说纷纭中水落石出，在有些新闻事件的引导上，老师不便即时参与，但决不可让过去的随意过去，必须将一些有代表性的新闻事件拉回到今天的课堂，让学生跳出当时的眼花缭乱，用时间和事实擦亮他们的眼睛。每周新闻不一定综述，但有代表性的重大新闻事件却必须回放、分析。

今天，在十一学校的课堂里，很多话题讨论与理性分析超越了政治学科范畴，走进了语文、历史、地理等人文学科之中，在与不同学科的连接中，让学生拥有辨析的能力和多视角看问题的思维方式。

让学生自己去感悟

语文实验室计划

目前，中学语文教学步履维艰。一面黑板、一支粉笔、一本教材的传统课程设置取代了实际生活中丰富的语文世界，将学生的思维囿于一片狭小的天地，导致学生视野狭小，知识贫乏，缺少创造力和想象力，缺少一个健全人格所应有的文化素质。语文教学长期在一个耗时多、效益低的怪圈中徘徊。

针对这种现状，我们借鉴美国道尔顿计划，实施了语文实验室计划，就是试图用一种全新的观念，开辟一片新的天地，让学生真正地走进浩瀚的语文世界，去接触丰富多彩的语言实际，探索语文世界的奥秘，感受语文的美，提高理解和应用能力。

语文实验室计划的主要内容是建立实验室、确定教材与教学目标、确定课时设置办法、规定管理方式、确定考核与评估办法，而实验室的建立又是最主要的。语文实验室形同阅览室，配备中学阶段必读、选读、参考三个层次的课内外图书，学生根据统一编定的学习目标到书橱中自由选择相应图书进行阅读学习。另外，还配备与教材相关的音像、软件资料，以及投影仪、录音机、电视机、放像机等教学器材辅助阅读学习和理解。

通过阅读，学生学到了知识，丰富了人生，提高了精神境界，“腹有诗书气自华”。阅读古今中外名著，使学生进一步感受到文化遗产的丰富。读曹雪芹的《红楼梦》，不仅认识大观园内外的人物，更了解了封建制度走向崩溃的过程；读雨果的《巴黎圣母院》，一方面喜爱、同情美丽的吉普赛女郎爱斯梅拉达，一方面更学会思考、辨别什么是真正的美与丑。读保尔 · 柯察金的《钢铁是怎样炼成的》、吴运铎的《把青春献给党》、朱彦夫的《极限人生》，学生的收获不仅是在写作上，更在于思想上。书中主人公那坚强的意志，面对困难不屈不挠的精神时刻激励着学生，因为主人公或是有作者的影子或者直接是作者自己，其作品的艺术感染力胜过空洞的说教，读者从中汲取的力量也是强大而持久的。读各类名人、伟人传记，更让学生接近名人、伟人，与他们高尚的心灵交谈，更能受到激励和鼓舞，以树立远大目标，不懈努力……

到语文实验室阅读，使学生有了一双慧眼、一颗慧心和一个睿智的大脑。阅读，使他们多思、多感，使他们插上了强劲的翅膀，在知识的蓝天上自由翱翔。

今日反思

高密一中的语文实验室就是今天十一学校学科教室的雏形。

我做语文教师的时候，深深感受到传统语文教学的无力；到高密一中后，与语文老师们共同开启了有点儿大刀阔斧的语文教改。语文实验室计划改革的重要标志就是每周只用两课时由老师和学生一起完成教学任务，其余 4 课时由学生到语文自修教室自主学习。后来，随着语文教改的成功，我们又新建了一座四千多平方米的自修楼，除建设了一大批语文自修教室外，还按照语文改革的思路，建设了历史教室、政治教室、地理教室和数学教室。在这些教室里，配备相应的学科资源，供学生自修使用。各个学科都从每周的课时里切出 1 ~ 2 课时还给学生，让他们来此教室自修，当然，也有老师的指导。

今天十一学校的学科教室已经成为整合、汇集学科教学资源的纽带，凡是可以帮助学生学习的图书、挂图、仪器、药品、标本、报刊，全部被集中到相应的学科教室。将学习资源安置在离学生最近的地方，使学科教学更加符合本学科的认知规律，可以使学生的学习效率也相应提高。让我们欣慰的是，每学期在学生中进行的“我最喜欢的 10 个地方”的评选中，教室已连续几年名列前茅，打破了过去传统教室一直不受学生待见的尴尬局面。

保证学生阅读的基本量

《文苑撷英》

关于阅读，以往的情形是高中三年学生手头上仅攥着六册语文课本，其篇目不过147篇，文字总量不过几万。作为高中生，这个阅读量是远远不够的，很少的阅读量，自然导致了学生课外知识单薄，视野狭窄，胸襟不开阔；提起写作，更是下笔艰涩，“难于上青天”了。

怎样才能开辟一条有效、快捷的阅读之路呢？经过研究，学校与语文教研室协商创办了一份《文苑撷英》，让老师从多种多样的报刊上精选各类文体的佳作，剪贴印发，让学生人手一份，以解决学生阅读材料缺乏的矛盾。

《文苑撷英》由语文教研室的老师轮流负责。每学年出十期，每月一期。每期文字总量约为两万。这样每月每位学生手上就都有了一份固定的阅读材料。

《文苑撷英》的每一篇都是老师精心选择的佳作，内容广阔丰富，写作手法多样，让学生大开眼界。从内容特色上看，或发人深省、催人奋进，或真挚细腻，字里行间流露情感；或幽默诙谐，或清新飘逸……面对佳作，作者与读者的心拉近了，有学生说：“读《文苑撷英》的文章，是一种享受。”的确如此，有的文章像与读者娓娓长谈，诉说做人的道理；有的像一支抒情的歌，拨动着人们的心弦。每逢报纸发下，学生都爱不释手——自习课上，课余饭后，聚精会神地读，津津有味地赏。那一篇篇美文，开阔了学生的视野，并激发了学生的创作欲望。

《文苑撷英》保证了学生阅读的基本量，是学生写作的活水，很受欢迎。

今日反思

这项工作对毕业班的学生很有实际价值，对过去阅读基础不是特别丰厚的学生更是如此。当然，在今天的网络时代可以采用数字版，更加方便学生使用，也方便学生、师生之间的互动交流。如果把此项编辑的任务分解后交给不同的学生群体，让他们根据自己的特长、爱好参与到编辑、推荐之中，效果会更佳。在十一学校里，今天已经形成了多样的创编与传播方式，各个年级会有学生创办的公众微信号，通过评论、打赏的方式鼓励原创、精选集萃；师生们共同建立了基于一些文学创作与阅读平台的分享社群，把美文佳作进行及时分享；每当学期结束前夕，师生们将优秀作品进行汇编出版，有主题有设计，在学生中不断产生激励作用；老师们还搭建了“为你读诗”“为你读书”“说乎”等各种创意平台，吸引学生走进人文的殿堂。

让“软”的变“硬”

德育课程化

德育在学校工作中的重要性，思想道德素质在整个人才素质中的重要地位，从理论上讲，已经没有什么异议，但在实际工作中贯彻起来却明显地呈现为虚多实少，随意多系统少，尤其是一些不科学的东西夹杂其中，严重影响了德育工作的效果。德育课程化就是在这样一个背景下产生的。

首先，德育课程化强调教育内容的系统性，根据国家教委的德育大纲和省教委的实施细则，结合学校实际，分年级、分学期形成教育系列。这个教育系列要覆盖大纲规定的所有内容，也要覆盖各类不同类型学生的特点。其次，强调教育的科学性，什么教育在什么学段进行，以怎样的方式进行，谁来组织效果更好，需要认真研究，不能随意安排。最后，强调教育的全员性，过去的德育工作过分依赖班主任与团干部，其实有些工作恰恰需要站在另外的角度。这样，除了日常教学的渗透外，我们给所有的科任教师都安排了德育课，地理老师讲一讲《热爱祖国从热爱家乡开始》；数学老师讲一讲《用变量的思想化解生活中的疑虑》，等等，还有的内容甚至请校外兼职教师，如请市接待处的同志讲《中学生礼仪》，请人民银行的专家讲《金钱中的人生》等，收到了很好的效果。

把德育当成一门课程研究，以科学的态度尊重育人规律，才能真正使“软”的变“硬”，真正达到落实我们教育方针的目的。

今日反思

在传统的教育价值观里，我们一直十分重视教育，但在实际的校园生态中却并非如此。教书与育人的两张皮现象让我们感到很无奈，甚至让我们很焦虑。但几十年下来，问题仍然没有解决，让每一位老师既教书又育人并不容易落实。

在今天的十一校园里，育人工作之所以得到落实，不是因为我们的倡导，而是因为学校教学组织形式的改变——没有了行政班，也就没有了行政班的班主任，这样，原先班主任眼中的“我的学生”转变为了每一位老师心中的“我们的学生”，每一位教师都无法看到学生的“全部”，他们需要通过交流、分享、协同去了解一个个真实而具体的学生。在这样的形态下，不育人已无法教书。过去，任课老师发现学生的问题，可以把抱怨撒向班主任，对问题学生更是直接推给班主任，“教育与我无关”的思想根深蒂固。而今天，每一位老师面对的所有问题，都必须自己去解决，研究学生甚至比研究学科更加重要，课堂内外关注学生的内心、关注学生的成长成为老师们的习惯和教学的重要前提。

让学生学会创造

“高楼坠蛋”活动

无数事实证明，谁拥有强大的人才队伍，谁就能在竞争中处于领先地位。中国要想在这场世界性的竞争中立于不败之地，就需要积极地、大量地培养高质量的符合时代精神的人才，来适应竞争的需要。而这种人才的显著特点是富于创造性。

基于这一点，我们学校的常规教育和课外活动都特别重视培养学生的创造性，使其不断创新，勇于进取。在第一届艺术节中，“高楼坠蛋”活动就是一例。

活动要求使用的材料要简单，从三层高的教学楼顶扔下的生鸡蛋以不碎者为胜。这个别出心裁的活动，引起了学生的兴趣，激发了创造欲望。报名参加的学生多达百名，他们挖空心思，想出了许多或令人喜出望外，或叫人目瞪口呆的办法……成功者有十二位。其中，最具匠心的是一位学生把鸡蛋放在中间挖好小洞的方塑料泡沫中，然后又用塑料袋给它做了一个降落伞，这样投放时，降落伞减缓了鸡蛋降落的速度，塑料泡沫又恰到好处地起到了缓冲作用，鸡蛋落地时当然完好无损。

活动进行时，表演者和观众都精神焕发，兴致勃勃。显然，这一活动激发了学生的想象能力，更培养了动脑、动手的创造能力。还需一提的是。事后一位负责打扫“战场”的学生，把那些碎得较轻的鸡蛋统统收好，便宜卖给了“烹饪一条街”的“大师傅”，那些“脑浆迸裂”的鸡蛋则扫起来处理给“植物活动小组”，让他们给花草当肥料，谁说这样的点子、这样的做法不是心智的创造呢?

今日反思

无论是课堂教学，还是活动组织，问题设计永远是成败的关键。

在有些课堂上，充满了“是不是”“对不对”“行不行”的简单提问。即使一些看上去复杂的问题，也是答案唯一的封闭性问题，这类问题并不适合提问，也无法激发学生的思维。一个好问题应该能够驱动学生的好奇心，同时问题设计的开放性和挑战性又吸引着不同程度和水平的学生都能够参与其中。

在学校组织的有些活动中，如果从目标到流程，每一个环节都有明确的规定，参与者就成了简单的执行者，学生的聪明才华就没有施展的空间，自然，他们也就没有参与的热情。

网络背景下盛行的平台思维，可以给我们教育者以有益启发，学生不再只是教育的单纯的接受者，他们必须更多地参与到价值创造中来。任何一个活动或者任何一门课程，都应该起到至少两方面的作用，既是学生真实学习的过程，也是教师发现不同学生是如何学习的过程。只有师生都能够在一种不完全预设结果或没有标准答案的情境之下的创造与生产，才能逐步让教育释放出力量。

学会探究

让学生写研究报告

受美国中小学教育的影响，我们也开始在学生中试行做研究报告这一作业形式。

研究报告是一种探究性作业。研究内容既贴近社会，又有利于教学；既有一定难度，又是学生可以操作的。比如，语文的《中小学教材入选的古代诗人分类研究》、政治的《印度的民政部长、俄国的农业部长尴尬在何方》、历史的《儒家思想在今日中国的文化积淀》，等等，引导学生不时地泡在图书馆和资料室，学着提出问题、查寻资料；还有一些命题单靠查资料是难以解决的，比如，《我市十年间新增蔬菜品种及市场占有情况调查》、《2010 年市区整体规划设想》等，学生必须走向社会才能解决，考查的是学生的综合能力。

研究报告的写作时间相对比较宽松，为避免工作量太大，学生可以自愿组合成课题研究小组，分工协作，共同完成。每次作业由学生评判出优秀报告结集印发全校。

今日反思

2004年启动的高中课程改革，要求高中生每学年都要提交一个较有深度的、富有个性的、需要长程研究的报告。每位学生可以根据自己的想法选择研究课题，这样的机制对激发学生兴趣、发现学生潜能有很好的效果。

当然，如果在有些热点或重点问题上，给学生适度设定一定的研究领域或范围，也是一种富有针对性、能够传递高期望的挑战性学习，并能与前所述的方式形成互补。

另外，每一届学生对同一个课题进行一些接力研究，更加贴近科研工作的实际。这样的方式既能够使在校学生与学长建立起学术连接，在产生学术交往的过程中寻找到研究的新起点；另一方面又是一种科学研究精神的培养，让学生明白在埋头研究的同时也要抬头看看该领域的新进展，学会在别人的肩膀上或在科研的制高点上进行突破，而不要闭门造车产生重复与低效。当然，还可以联合国外友好学校的同伴共同就某一课题协作攻关，在不同的领域、不同的环境、不同的文化背景下，他们有着不同的想法碰撞，这个过程本身即是一种难得的教育。

打破思维定式，重新认识自我

建立错题统计簿

平常做练习、做作业或是考试测验，学生总会出现错题，这原本很平常。可细细研究却发现这前前后后做错的竟总是同一类型或是同一个题目，这就有些反常了。

其实，在课堂上，每一次练习或检测后，老师总是及时做详细的讲解，学生也在作业本上或试卷上进行了订正，可之后仍不乏屡做屡错者，出现不应有的失误现象。这就说明某些题型在这些学生的头脑中错误思维已成定式，它影响了解决问题时思维的倾向性，要改变它，必须来一个强烈的刺激，才可能使正确的思路得到深刻理解。针对这种现状，我们要求每一位学生为各学科建立“错题统计簿”，抄录所有做错的题目，写上对原先错误症结的分析，然后再认真写上正确的解题思路和演算过程。要求及时积累，定期翻阅，每隔一个阶段或由自己或由老师帮助分析、总结。

错题统计簿的建立，使学生在学习过程中大大减少了错误的重复率，学习效益明显提高，增强了自信心，在重新认识自我的同时萌生超越自我的勇气和力量。

今日反思

今天可以在网络上建立每位学生的错题统计簿，甚至可以自动推送改错的题目。但是，让学生真正弄清自己的问题所在，并非易事。

在十一学校里，有些学科实施了“自我诊断—专科门诊—会诊”制度，收到很好的效果。在一定时间内，出现问题比较多的学生通过一定的工具进行自我分析，初步弄清原因后，选择设在不同学科教室里的专科门诊去咨询，如语文学科就有分析能力、议论文论证、古诗文欣赏等各种专科门诊。在这个专科门诊里，不仅有具有这方面特长的坐诊的老师，还有在这方面具有优势的同学，当然还汇聚了一批有着同样问题的“病号”。一般来说，大部分问题就能在这个专科门诊中得到解决。如属“疑难杂症”，久治不愈，则进入会诊阶段，从全校选择在这方面有专长的老师，甚至某些学长，共同对一位或几位学生的“病情”进行讨论。会诊前将相关学生试卷、作业和自我诊断、专科门诊诊断相关的材料送达参与会诊的师生，然后每人背靠背拿出自己的诊断意见，汇总后再面对面集中讨论，达成共识后同步拿出“治疗”方案，由相关老师与学生谈话。

当然，从错题统计簿到会诊制，都有一个重要的目标，就是让学生学会对自己的学习负责，认识到学习是自己的事，变“要我学”为“我要学”。

培养协作精神，开拓学习新途径

合作学习与导生制

合作学习是一种新的课堂教学技术，我们借鉴合作学习的一些成功经验，结合我校实际开始进行导生制实验研究，将导生制发展为一种合作学习的新途径。

导生制源于 18 世纪末期的英国，为弥补师资力量的不足，由教师对学生中成绩好的学生先进行施教，然后由他们转教其他学生，代替教师的职责。这种教学法与我国古代的“次相授受”教学法有某些相似之处。

我校实施的导生制，不同于英国式的导生制，更不是让他们拿起教鞭走上讲台。而是在学生中选拔部分学业优良，或者单科成绩优秀的学生作为导生，以自愿的方式与一名或几名学习成绩较差的学生结成合作互助关系，让他们充当小先生、小教师的角色，从而帮助大批学业不良的学生提高学习成绩。

导生制的可贵之处在于弥补了班级授课制的不足。担任导生的都是学生和教师评价较高的学生，每个班级的导生组成导生团，并公开宣布导生团成员名单。这样便在学生中形成一种舆论，作为一名导生是很光荣和值得自豪的，能够给他人提供帮助是一种优良的品德。导生的积极性很高，而且在与其他学生的双向交流中，导生也受益匪浅。他们在帮助其他学生的过程中加深了对知识的理解，同时也能发现自身存在的不足。

导生制体现了合作学习的精神，在学生中培养起协作的精神，成为一种新的学习途径。而导生制实施所带来的班级成员之间亲密的友谊、融洽的关系，又为学校整体的发展创造了良好的环境。

今日反思

现在，十一学校的导生不再是固定的学生，更不是教师指定的优秀学生，而是用平台思维给某些方面具有优势的学生提供机会，让他们在帮助同学的过程中提升自我。

学校层面有“学长有约”和“名生讲堂”，在某一方面愿意与同学们分享的学生，可以自主申报，经过评审团认可，即可着手准备相关分享的内容。每个年级则有不定期的活动，利用课余时间，由某些方面有心得的学生与同学们交流互动。最常见的则是在课堂教学中，学生可以自主选择，充当某一部分内容的小先生、命题者或辅导员。当然，小组内的合作学习则成为一种常态。

当然，借助APP，诸如优点、在行等，寻找某个领域的专家，也是很好的方式。

无声的良师益友

疑难问题解答卡

尽管我们努力地去做学生的良师益友，也时常对学生说“师生之间没有不可逾越的鸿沟”，鼓励学生多与老师进行工作、学习和生活方面的交流，但还是有不少学生因种种原因不愿去向老师询问问题的答案。这样，久而久之，该解决的问题也就成了真正的问题被保留下来，成了认知的盲点。

为了解决这一现象，同时也为了便于老师及时地发现学生中存在的问题和自己讲解知识的遗漏点，我们设置了“疑难问题解答卡”，让学生把自己的疑难问题写在解答卡上，由课代表交给任课老师，老师再根据问题的轻重和普遍性、特殊性等进行个别解答——把解答卡交回学生本人，或集体讲解，从而使问题得到圆满解决。这样，既方便了学生，也节省了教师的时间，对老师日后传授知识也提供了参考。

疑难问题解答卡成了学生无声的良师益友，通过它师生间达到了交流思想、解难答疑的目的。

今日反思

当老师们都在学科教室里教学与办公时，师生关系变得随意且融洽，一般的疑难问题学生可以随时得到解决，使用疑难问题解答卡已经不是十分必要了。

但是，许多时候学生没有问题可问，并不说明他真的没有问题，而可能是缺乏自我反思、自我梳理、自我发现的能力，许多学生只有发现别人提出的问题后才会顿悟到自己也存在同样的问题。

针对这种情况，老师们在学科教室的某一固定场所，或用白板、黑板、软板，或设专栏、纸箱或微信建群，让学生把自己的疑惑、问题写下来，同时鼓励学生解答，对一定时间内没人解决的问题则公布在擂台赛中，同时，也有学生负责将所有问题定期梳理、归类，感兴趣的学生可以参考学习。大家一起解决大家的问题。

分解学习难度

“一日改一字”

社会媒体与广告宣传用字的不规范，对正在加速增加识字量的中学生产生了不好的影响。比如，“一戴添娇”之类的广告、“写家手下无错字”的名人字画、五花八门的商业噱头、质量低劣的出版物等。这种现象，看似小事，但如不及时加以纠正，可能造成终生缺憾。于是，我们发动学生向错别字提出挑战，开展了“一日改一字”活动。

学校教学楼前的宣传栏专门开辟了一个栏目，叫“文字巡哨”，由各班轮流值日，每天将一个最容易混淆或最容易读错、最容易写错的字写在黑板上，辨析正误。学生课前课后、饭前饭后，走过路过宣传栏，只要稍一留神，这个字就记住了。学生一年在校时间近 300 天，高中三年在校近 900 天，每天改一字，常见的错别字基本上得到了纠正。

有时候，一项工作很难做，但将它分解到日常工作中，天天做，一天做一点儿，也就很简单了。帮助学生改掉写错别字的习惯很费事，“一日改一字”活动的开展却收到了很好的效果。而且，这一活动自始至终由学生来做，也锻炼了学生持之以恒的品质和日积月累的学习习惯。

今日反思

在每位学生一张课表的状况下，这种全校统一性的“一日改一字”活动不再适合，但如何让每一位学生养成一些基本的学习习惯却同样重要。

针对学生的不同特点，老师与学生可以进行协商达成共识，达成一项在一定时期内重点养成的习惯。比如，有的学生吃早饭无规律，有的学生晚睡无节制，有的学生玩网游上瘾，有的学生考试后从不梳理、反思，诸如此类的问题。一旦制订改进计划，老师与学生就要共同努力。在一定时间如有起色，则予以鼓励。表面上，这改变的是一个小习惯，深层次上是给学生改变自我的信心，锻造自我蜕变的意志。随着时代的变化，我们发现当真实的教师与真实的学生面对面时，一个平等的师生关系就在很多细微之处构建起来。在养成习惯这件事上，青年教师不再成为一位督促者，而是用自我习惯的养成来陪伴学生。比如，有的青年教师与学生相约 21 天养成一个好习惯，老师确定的是每天锻炼一小时，争取 21 天后减去自己日渐发福的肚子上的赘肉，学生则养成在自习教室里进行标注笔记式的学习习惯。在都有些坚持不下去的时候，他们会相互鼓劲。这种新气象对习惯的养成产生了更好的效果。

设置“认知停靠点”

历史背景教学

在历史教学中，分散记忆负担是提高历史教学效益的关键，但分散记忆负担必须遵循认知规律。

在过去的历史教学中，很多教师一直按照理科教学模式，希望通过尽可能多地简化教学内容来减轻学生的记忆负担，结果内容简化了，血肉丰满的人类社会的历史却变成了毫无生气的概念和框架。随之而来的是，学生陷入死记硬背的泥潭不能自拔，失去学习的兴趣。通过研究认知理论，老师们认识到，学生负担的大小，并不与教学内容多少成正比。在有意义的学习中，如果原有的认知结构里没有适当的起固定作用的观念可以用来同化新知识，那么，常用的方法就是机械学习，而且由于新知识不能有效地被建构在认知结构中，从而引起不稳定的和含糊的意义而导致迅速遗忘。事实上，越是在一片历史空白的大脑中，越是难以植入有用的历史知识。于是，我们在反复论证的基础上，采用了“背景教学”这一做法，即在每一章节学习之前，先让学生接触大量的经过老师精选的与教学内容有关的历史背景材料，构建若干个“认知停靠点”，然后让学生把教材中的知识点一一焊接在背景材料之下，如此，孤零零的知识在背景下得到了深化，织成了网络。例如，学习《法国大革命和拿破仑对外战争》时，我们将拿破仑传记中一些材料让学生阅读，使拿破仑这个历史人物在学生心目中成为一个真正的“人”，而不是一个历史名词；在学习教材时，学生很自然地把拿破仑的内外政策、是非功过填附在这个血肉丰满的人身上，从而牢固地记住了相关的历史知识。

实施历史“背景教学”，学生学到的内容丰富了，课堂容量加大了，反而减轻了学生的记忆负担，其中的关键就在于遵循了学生的认知规律。

今日反思

一个学科的教学是这个道理，一个人的学校生活也同样如此。

为什么学生缺乏学习的内动力，原因可能有许多，但根本上是因为他们不明白学习的意义——我们今天课程表的内容与社会生活和未来人生有何关联。

十一学校有一位物理教师说过这样一个反思，小学生问为什么要学习自然常识，老师回答为中学做准备；到了中学，学生问为什么要学习物理，老师回答为将来读大学做准备；到了大学，这位学生选的是文科，他茫然了，学物理究竟是为什么？有了这样的反思，这位教师领悟到在今天的课堂上、在每一天的教学中都需要始终贯穿学以致用的思想，而不是仅仅为他的升学做准备。于是，他与学生一起将实验进行到底，让孩子们在今天的课堂上就感受到物理对生活的价值。

教育的全部意义是让学生完成社会化的过程。经过十几年的学校生活，让他们自然适应即将踏入的未来社会。这样说来，如何让今天他们所处的校园尽最大可能做到社会化，就显得至关重要。学校的课程，应该是未来社会生活的浓缩。要让学生在黄金的成长期，以最少的时间，经历最广泛、最典型的以课程形式显现的社会生活，让他们在这个过程中了解真实的社会，理解多样的人生，领悟学习生活的意义。有了这样的学习背景，学生就有了真正的学习动力。

变短时记忆为长时记忆

教学生“语义编码”

心理学家鲍斯菲尔德在研究记忆规律时，让被试学习一系列单词，如长颈鹿、小萝卜、斑马、潜水员、拜伦、顾客、菠菜、面包师傅、土拨鼠、舞蹈演员、黄鼠狼、阿莫斯、南瓜、打字员等60多个单词。实验发现，当被式按语义关系将这些单词分别纳入动物、植物、人名、职业等四个类别中时，记忆效果就会明显提高。

这个心理学实验说明，在记忆有一定关联的词语、概念时，如果把它们按语义的关联组成一定的系统并进行归类，即进行一个“语义编码”的过程，便可以将所要记忆的内容由短时记忆转为长时记忆，长时间保存在大脑中。

有很多学生为记不住课本上大量的概念、公式、定理而烦恼，其根本原因并不是他们脑子笨，主要是因为他们语义编码的能力较差，或者他们不善于使用语义编码的方式进行记忆。

语义编码本质上是一种对所记忆的材料进行深加工的过程。对学生学习来说，就是将所学的新知识经过语义加工，与过去已经形成的知识体系发生联系，将现有知识纳入已有的知识体系中去。如在历史知识的总复习中按历史发展的顺序建立一个历史知识系统，然后将每一历史事件按时代的先后纳入这个知识系统中。这样几乎所有的历史知识都被包容进去，就组成了一个完善的体系，而且随着知识的不断积累和理解的加深，这个体系会更加巩固。同时，回忆提取所需信息时也会变得快捷而准确。

所以，教学生学习“语义编码”等于帮学生建立一个个贮存知识的仓库，使知识记忆得更牢固，再认和再现得更迅速、准确。

今日反思

在中国传统的教学文化中，比较注意教学方法的研究，而不太重视学生学习方法的指导，具体到不同学生不同的学习方法的探讨就更是欠缺了。而这些恰恰是学生最需要的。

在今天十一学校的课堂里，因为师生关系的平等，学与教的新关系就必然从原先教师教为主转化为学生学习的促进者。老师们开始自觉地帮助学生提供他们学习过程需要的工具和脚手架，如分类用的表格、提问用的模型、分析问题的框架、阅读文章的流程，等等，这些对学生的有效学习提供了很好的视角、思维方式和解决问题的策略。

正因为每个学生都有自己的学习节奏和学习风格，当我们只关注自己的教学风格时，学生的这些差异自然会被忽略不计，而无形中转变为让学生来适应教师的教学；但当我们的视角转换到了学生不同节奏、不同风格的学习方式差异时，我们就必然会思考自己该在哪个最佳点“介入”，必然需要积累一大批工具、模型、脚手架提供给学生以便他们在学习时按需使用，这样也就可以把学习的过程全部交给学生，既方便他们学习，又尊重他们的不同个性。

教学生学会学习

《学习方法四十条》

俗语有“磨刀不误砍柴工”之说，学习也是一样。好的学习方法可以使学生在学习中做到事半功倍，而那些学习落后的学生多有学习方法不当之弊。

根据对学生的调查以及学生的要求，我们编写了《学习方法四十条》，指导学生掌握科学的学习方法。《学习方法四十条》从各门学科课前预习、课堂学习、课后复习及高效记忆、快乐学习等方面对学生进行引导。课前预习指导使学生明确将要学习的重点、难点，在听课中能够做到有的放矢，有效地防止了听课时注意力不集中、思想溜号等现象；课堂学习指导使学生掌握了课堂学习的策略和技巧，提高了听课的质量；课后复习指导使学生懂得了学习过的东西要尽早复习，也获得了巩固所学知识的各种方法；高效记忆指导则重点向学生介绍一些先进、高效的记忆术以及针对各门学科知识记忆的各种策略；快乐学习指导主要帮助那些学习兴趣不高的学生树立信心，培养求知欲等。

《学习方法四十条》根据学生的学习心理，从不同的方面和角度对学生的学习进行帮助和引导，避免了一般学习方法介绍中的狭隘单一和泛泛而谈，成为学生乐于接受也易于接受的方法指导材料。

附：《学习方法四十条》条目

1. 学习效率、学习方法自我分析的方法
2. 文科类课程的课前预习方法

3. 理科类（数、理、化）课程的课前预习方法

4. 制订学习计划的方法

5. 调动听课情绪的方法

6. 克服注意力涣散的方法

7. 分配注意力的几点技巧

8. 听课的技巧和策略

9. 做笔记的技巧和策略

10. 阅读的技巧和策略

11. 总结课堂学习质量的方法

12. 补救课堂学习中漏洞的方法

13. 安排课后复习的策略

14. 适应教师教学风格的方法

15. 科学思维的方法和技巧

16. 考前复习的策略和方法

17. 考试答题的策略和技巧

18. 考试结束后检查、总结的方法

19. 结构化学习方法

20. 网络化学习策略

21. 知识系统化学习策略

22. 记忆的组织策略

23. 记忆的复述策略

24. 联想记忆法

25. 过度学习法

26. 阅读与回忆交替复习法

27. 集中复习法与分散复习法

28. 部分识记法

29. 整体识记法

30. 综合识记法

31. 多通道协同活动记忆法

32. 理解记忆法

33. 形象记忆法

34. 锻炼记忆力的方法——记忆力体操

35. 做作业的策略

36. 课外学习的策略

37. 学习中自我监控的方法

38. 提高学习自信心的方法

39. 培养学习兴趣的方法

40. 快乐学习法

今日反思

重视学习方法的总结与介绍是一件很好的事情，但这些学习方法是从哪里来的，值得研究。

过去，我们更多的是凭老师自己的学习经验积累而来，或者借鉴了一些专家、学者的经验总结，其中不乏可以借鉴的方法，但对大部分学生来说，缺少一些可以接地气的实操方法。

学生的差异实在太大了，不仅因为学习基础、学习习惯，更因为他们不同的天性和认知风格。因而，在特定的领域里仅仅告诉他们一种固化的学习方法并不科学。从今天在校的学生和过往的校友中，梳理、总结他们各不相同的学习方法，尤其是把各种各样的方法提供给学生，让他们自主选择使用，更能够受到学生的欢迎。如果能让这些有着不同学习方法的学生在一起座谈、交流、分享，在互动中解除同学们的困惑，效果更佳。

今天，“所有人解决所有人的问题”是一个很好的工作思路。如何变高高在上的“提供”为需求对接的教学“相长”是一门学问。在十一学校，各个年级的学生自主管理学院都会通过海报、微信公众号等传播方式呈现学生们在规划、常规、制定目标，白天自习、晚上自习等各个方面的办法或妙招。这些传播短小精悍、图文并茂、角度多样，且每次都会“批量展示”。从表面上看，这是对某位学生的表扬，实际上更在于通过身边的榜样激励，通过榜样创造的方法引导，让更多的学生在走过、路过的“撞见”中产生反思与借鉴。这种方法指导或许能够起到润物无声的效果。

让学生迅速适应新环境

初高中衔接教育

由初中进入高中，学生要经过一段角色转变的适应期。我们 1995 年曾对入学一个月的高一学生进行过调查，发现有一半以上的学生在入学一个月后尚不能完全适应高中阶段的学习和生活。这让我们认识到做好初高中衔接教育的重要性，于是，学校开始研究对高一新生的衔接教育。

首先，是学生行为规范和生活习惯的衔接教育。我们在学生入校的第一天带领学生熟悉学校的环境，参观学生食堂、图书馆、宿舍等与学生生活密切相关的场所，然后组织学生学习《学生指南》，了解学校的规章制度，适应新的生活习惯和行为规范。其次，是知识上的衔接，高一新生入学后，我们并不急于马上开始高中的新课程，而是根据不同学科的特点进行初高中知识的衔接教学。最后，是学习方法的衔接与过渡。我们采取聘请高年级学生介绍经验、任课教师个别指导等形式，教育、引导学生学习方法上的改变。

衔接教育使学生迅速适应新的学习生活环境，虽然课程进度比其他学校要慢一些，但由于学生已经顺利完成了角色转化，轻装上阵，所以学习效率大大提高。

今日反思

适应新环境，既是学生学会成长的能力培养，也是学校教育中帮助学生完成社会化的重要内容。把适应新环境所需内容纳入课程体系，成为学校课程和年级管理的重要组成部分，是十一学校变革整体架构伊始就考虑进去的。各个年级在尝试与研究中围绕育人目标做了教育定位，初中三年以“规划—目标—自我管理”为主线，高中三年以“唤醒自我—发现自我—成为自我”为主线，让每一个学生离开十一学校时能够成为有担当、有个性的自己。

当一名小学生走进十一初中，面对可以选择的课程和丰富多彩的社团时，他们往往充满了好奇，什么都想尝试。为此，我们在安排短期的试读课程基础上，通过导师和自我管理学院，帮助学生逐渐拥有规划意识。而当学生青春期的特征开始显现时，我们则会引导学生更好地为自己设定目标，并且通过同伴关系的增进让学生之间的相互作用产生教育的力量。而到了初三，面对人生的第一次十字路口选择，我们更加需要引导学生学会自我情绪管理，并拥有一种坚毅的品质去不断接近自己的目标和未来的梦想。同样，到了高中，刚进入高一，我们结合军训内容设计了一周的户外经历，直到高三紧张的升学备考阶段，我们依然会设计野外长距离徒步活动，以培养学生坚毅的品质，同时让学生体验实现挑战性目标的喜悦。

总之，在十一学校里，衔接教育不再仅仅发生在初高中的学段衔接上，而是纳入整个课程体系。同时，在每个年级升级过程中，应该有针对性地对学生进行心理和学业品质上的衔接和过渡，这样的节奏与空间保证了学生在成长中的适应性和反思能力。

让考试更趋科学、合理

题库建设与考教分离

一般情况下，每一章节或单元的知识学习结束，教师都要设计单元测试题或章节测试题，对学生的学习效果进行考评，考评结果作为查漏补缺的依据。由于教师个人的经验、水平不同，测试题的效度相差很大。许多教师在考查学生时只着眼于自己所教过的知识，或自己认为重要的内容。这样，教师在教学中由于个人疏漏而造成的缺陷，便永远成为学生知识学习中的漏洞。

因此，加强题库建设，实现考教分离是对学生的学习情况进行科学合理考评的迫切需要。题库建设还将释放教师从浩瀚的题海中选择测试题的劳苦，将更多的精力投入到教学当中。

于是，我们运用计算机设立了题库。由学校计算机中心对所有教师进行培训，让每一位教师都能独立进行电脑操作，从题库中调出所需的试题。电脑能够根据程序指令自动生成一套适应现行教材内容的试题，而且科学性、全面性都能保证，且每次调题都采取教者回避，教研室主任把关的办法。因此，题库中的试题避免了教师因自身因素带来的误差，逐步做到了考教分离。这样“考”的意义和价值更加明确清晰——考查学生是否全部掌握了应该学习的内容，而不仅是考查学生是否掌握了老师教的内容。考既为学提供了一个评价，也为教提供了指导和参考。考试的作用被充分发挥出来。

题库建设是实现考教分离的必要途径，而考教分离又使考试更趋科学、合理。

今日反思

命题与诊断是一项非常专业的工作，如何告别经验、随意和与科学规律的偏离，十一学校也摸索了很长时间。对命题一方，即使他们背靠背，也要在某一内容上有着比较一致的把握，因此，就要建设专业的命题队伍。这支队伍必须有计划地接受相关培训，必须跳出学科看学科，站在能力、素养的角度和课程的角度审视学科命题工作。为此，我们专门建立了学校命题委员会和考试管理中心。今天在十一学校“基于标准的学习”的目标引导下，对命题、诊断的研究更是超越了分数本身，而是站在学习的角度，让学生通过检测获得看见自身成长、进步轨迹的效果。

狠抓教学落实

单元清与满分卷

常见有些学生，一个单元学完了，万事大吉，也不管是一知半解还是似是而非，便草草收兵，过渡到新章节的学习。也常见有些学生，考试结束后悔不迭，不该失分的题目失分了，有知识缺漏的题目也不再认真思考，又放过了。这种现象很不利于学生形成扎实的知识基础，为此，我们采取的对策是，提出并落实“单元清”与“满分卷”的要求。

“单元清”，就是在完成一个单元的教学任务后，留出一定的时间回顾本单元的知识，要求做到概念准、原理通、例题明、练习清，不留任何死角与知识盲点，把该单元的知识系统内化，融会贯通。“满分卷”，是指在考试过后，把试卷中的错题，不会做的题，拿不准的题进行归类分析，找出失分原因，并对知识缺漏进行弥补，对考试技术进行调整，重做该试卷，得到满分为止，决不允许出现重复错误，让学生在不断修正错误中取得进步。考试，是检测学生学习达成水平与教师调整教学关系的手段，而不是教学的目的。通过考试培养学生严谨扎实的学习态度，其价值常常超出了考试本身，更应该引起我们的重视。

今日反思

单元清和满分卷是20世纪90年代中学教学的法宝，可以说，哪所学校、哪位老师使用得好，一般就会有骄人的升学成绩。不能简单地评价这些做法是应试教育还是素质教育，关键是看用这些方法是为了追求什么样的目标。

以单元清和满分卷为载体，培养学生影响一生的学习习惯，形成一些超越分数之外的处理问题、做出决策的自我管理方式，确会让他们受益终生。但如果仅仅锁定为对分数的追求，且抱着一种不得满分不罢休的心态，那就会得不偿失，给学生太大的压力，付出过多的代价，甚至会固化学生的思维。

今天，在对部分学生的教育中，我们仍然会使用类似单元清和满分卷的方法，只是必须首先确认清晰的目标。当我们立足长远，着眼于学生综合能力培养的时候，每个单元的目标既要实在明确，又要成为学生长远目标的台阶，尤其不能以满分卷让学生付出过大的代价。

第四辑

让学生学会把握自己

在我与学生们的交往中，有一些事情常常让我为难。高三毕业了升大学，该填报哪所大学、什么专业？有的学生说“老师，全听你的了，我什么也不明白”；毕业分配工作，面对着几家可供选择的单位或职业，又有学生找上门来说，“老师，你说咋办吧？我自己也闹不清楚”。还有一些更叫我尴尬的事情，有一天，我那远在省城的学生专程回来，找到我问的是关于找对象的事儿，眼看都快30岁了，可没有老师的话，“对象也不好定”。面对这一切，我真不知说什么好。

我开始回忆我的教书生涯，我的班主任经历，我开始反思我们的教育。很明显，在我们的整个教育活动中，学生一直是在我们设计好的圈子里转，一直是在我们铺设好的轨道上行，他们从来也没有考虑过自己应该如何选择才好，于是当有一天他们真的脱离开这个圈子和轨道的时候，手足无措者便不在少数。我们做教育工作的心里有说不出的酸甜苦辣，如果学生需要我们一生都在做他们的老师，那么我们这个民族还有什么希望？我们的青年一代如果连自己都不能把握，又如何去把握民族的明天？

我开始思考：在全部的教育教学工作中，我们究竟缺少了什么？不用说，与迅猛发展的历史进程相比，与先进的教育文化相比，我们缺少的太多，即使是站在功利主义的立场上思考一下我们教育最基本的初衷，我们不是也与自己开了一个太大的玩笑吗？

教育应该造就具有独立人格，能够正确认识自我、熟练驾驭自我的人，而且，尤其重要的是，他们能在社会生活中自如地扮演不同的角色，在社会历史发展的进程中确定坐标，并不时地做出自己的选择。

首先，让学生学会把握自己，然后才有做好其他事情的可能。

认识和完善自我

学生自我档案

弗洛伊德在《自我与本我》一书中将人格结构分为本我、自我和超我三个部分。童年之后的人们，其自我占重要地位。自我是可以被认识的，同时也可以得到不断发展和完善，最终上升为超我。

建立学生自我档案就是为了让学生更清楚地了解和认识自我，并在生活、学习中发展和完善自我。自我档案包括四个部分：第一部分是学生自我评价，让学生从自身人格特点出发对自己进行客观评价，如性格特征如何，自尊心、自信心等方面怎样等；第二部分是教师的评价，由教师根据观察和了解对学生的人格特征做出评价；第三部分是人格测验结果，我们以国际公认的《卡特尔十六种人格因素测量》的测试结果作为学生自我档案的一个参考；第四部分是自我发展完善的方向和目标，学生在前三个部分对自我认识和了解的基础上制订自我发展的计划。

学生自我档案像一面镜子映照出学生自我发展的面貌，可以指导他们有针对性地弥补和改正自我发展进程中的缺陷、不足和失误。

每个学生的自我档案共有六页，每个学期填写一页，在毕业时发还给学生，作为三年中学生活的纪念。通过这六页自我档案，学生可以清楚地看到自我发展和完善的足迹。

今日反思

建立自我档案的目的是给予一个脚手架，让学生看见自己的成长轨迹，因此，它是正确进行自我认知并完善自我的若干方法之一。如果在全校一刀切推广档案袋，要求每位学生都以统一的方式去做，则有诸多不妥之处。

如果我们能够最大限度向学生推荐或为学生设计多样化、全方位、立体的自我认知工具，且每一种工具都配有使用说明书，然后引导不同年龄、不同个性、处于不同情境的学生学会选择和正确使用适切的工具，对学生的自主成长确有助力作用。

目前，这一领域仍是我们学校教育的短板，从小到大，我们的孩子习惯了在家长和老师的安排和评价中来确认自己的擅长与行为价值，也习惯了用分数来鉴定成长的结果。如何建立学生的自我认知、自我完善、自主成长的育人体系，正是我们需要进一步研究的重点。

真实地认识自我和规范自我

日常行为规范自测表与学习效率自测表

良好的道德规范和行为模式的形成是建立在对规范和模式的理解和接受之上的，而真实、客观地自知又对规范和模式的理解与接受有着非常重要的调节和支配作用。许多学生不能很好地按照日常行为规范去做，主要是因为他们尚不清楚写在《日常行为规范》中的条文对他们意味着应该具体做什么和怎么做。日常行为规范自测表则使他们可以更直观地清楚行为规范对他们的要求，同时真实地认识自己当前的状况，从而比较客观地调节和控制自己的行为。

学习效率自测表的意义与日常行为规范自测表的意义差不多，但学习效率自测表更侧重客观地评价自我，让学生明了学习方面存在的缺陷和不足，制定补救措施。

日常行为规范自测表共有 30 题，题目的编排与规范的条文相对应，用反映条文的具体行为制成测试题，学生根据自己是否做到或做得如何来衡量自己遵守日常行为规范的情况。学习效率自测表共有 15 题，题目的编制涉及影响和反映学习效率高低的各个方面，学生根据自己的实际情况作答，基本可以反映学习效率的真实水平。

日常行为规范自测和学习效率自测还可以反馈给教师或学校进行汇总分析，这样既可以使教师了解学生的个人状况，也有助于学校领导掌握全体学生的情况，为制订和调整学校计划提供参考。

今日反思

这样的自测其实是对学生的暗示或者是一种自我校准方式，具体操作时必须始终定位在自测，不可统一收交，汇总结果，否则会造成学生有压力，甚至反感，从而揣摩教师的意愿进行“弄虚作假”的回答，这样必然就会失去自测的意义。

在基于互联网的时代背景下，完全可以开发网上自测工具，且通过收集相关数据，针对不同表现或不同要求的学生，推送有针对性的追踪自测工具，甚至推送改进自我、完善自我的方案设计等。校方也可以通过对全校数据的汇总分析，不断改进、完善甚至丰富自测工具，并采取针对性的措施改进学校教育工作。

在十一学校的实践中，我们发现对日常行为规范和学业效率的自测可以区分对待，不一定都是出题的方式，可以通过游戏化方式让学生把最真实的状态安全地暴露出来。

明确好学生标准

评选“十佳中学生”

时代的变化必然引起人才标准的变化，这个变化必须及时地反映到学校里来，而且要在老师和学生心里生根。评选“十佳中学生”就是出于这样一个意图开展的。

评选工作的第一步就是拟订标准，我们改变过去那种学校领导几个人关在屋子里订章程的办法，面向全校师生展开好学生标准大讨论，人人订方案，个个订标准，而且让几种不同方案类型的制订者各自组成代表队，开展辩论演讲活动。这第一步工作至关重要，使不少老师、学生改变了过去许多狭隘的人才观念，尤其改变了单纯以分数为标准的陈腐观念，效果十分明显。然后，通过招投标选定评选活动的组委会，经过民意测验和民主举荐，分类筛选与评委复评、业绩报告与记者访谈等系列活动，最终确定十佳人选。

什么是好学生的问题解决得好，学生的学习目标就确立得准，老师们的工作方向也就把握得好，这一点是其他工作不能代替的。

今日反思

每一项评选工作都旨在弘扬学校的育人主张、价值导向，现在的十一校园里，评选工作呈现出多元化的形态。

年度荣誉学生全校评选 2 ~ 3 名，经过年级、社团和各类组织的初评筛选，在过程中重在让大家明确评选标准，责任感和有独立思考的能力是其主题词。而每个年级均有两名提名奖人选，则是为不同年龄的学生树立看得见的身边的榜样。

卓越学生、优秀学生则是按照每位学生的学分计算出来的，其中包括学科、社团、艺术、体育、技术及综合素养的全部学分。而专项优异学生则是艺术、体育、科技某一领域成绩卓越，专项学分达到相应标准的学生。由于这项荣誉的获得完全通过学分等级，避免了人为的不确定因素，使学生感到可以自主把握，有公平感且避免了同伴竞争，对学校、年级来说也比较容易操作。只要把我们提倡什么、反对什么，通过学分管理予以表现，对学生的引导作用便十分明显。

对一所学校来说，通过推荐、投票进行的评选活动不可以没有，因为这是周期性地启发大家反思价值主张的重要载体。但类似的评选活动又不可太多，因为其中的工作量巨大，特别是为了能让大家普遍认可而又能达到我们活动的目的，需要精心策划，周密安排，稍有不慎，很容易走向反面，因而，把大量的评选工作转化为可控的、量化为主导的评定工作往往可以起到相应作用。

引导学生走出迷津

“导航”课与《导航》报

时代在发展，人们的思想在更新，校园里的中学生也在悄悄地发生着变化。如何使中学生适应和面对社会中的一些错综复杂的现象，如何解决学生中出现的一些学习生活问题，成为学校工作的一个新挑战。

为了帮助中学生认识世界，清除他们在学习、生活中遇到的障碍，我校开设了“导航”课。“导航”课采用专题讲座的形式，根据学生中比较普遍的、反映比较强烈的问题制订学期“导航”课计划，由学校统一安排教师对学生进行教育和引导。“导航”课按性质分为两类，一类是学业导航，另一类是思想、心理导航。学业导航课由经验丰富的各科教师对学生进行学习方法和策略指导；思想、心理导航课则由学校心理咨询中心的专职教师对学生进行咨询辅导和相关服务。

在开设“导航”课的基础上，应学生的要求我们还办起了旨在引导学生走出学习、生活迷津的《导航》报。《导航》报每月一期，从学生中收集问题，由经验丰富的老师或专家解疑答难。为了增强教育效果，《导航》报还向已经进入高校或参加工作的我校优秀毕业生约稿，让他们谈中学时期的学习、生活感受，激励学生以他们为榜样，努力学习奋发上进。《导航》报还开辟“心理辅导”专栏，对学生中经常出现的心理问题进行分析，介绍一些心理自救的方法。

“导航”课和《导航》报像黑夜中的明灯，不断引导中学生走向坦途。

今日反思

每个年级的学生大致需要在哪些领域做一些系统性的引导，这些基本都有较为成熟的课程模块和经验借鉴，通过类似“导航”课和《导航》报的方式，确能起到一定的作用。问题在于，有许多问题不是靠我们苦口婆心或循循善诱能够解决的，必须通过学生直接或间接的体验，才能收到较好的效果。在二十多年的持续实践中，我们渐渐感受到育人的根本指向究竟是什么，是让学生成为他自己，学会对自己的学业和成长负责，而不是本着“为他好”的心态去要求、去训练，甚至是替代学生成长。因此，增加自我体验类课程，才是治本之策，如戏剧、群体活动、游学、职业考察、社会服务等。根据不同年级的心理发展状况，在规划、设计、开设体验类课程时，要有明解的课程目标，实施时则群策群力，努力为之。

与此同时，间接体验也可以收到一定的效果，如“学长有约”活动和“名家大师进校园”活动，通过比在校学生大一点点的学长来讲述自身经历，往往能起到“最近发展区”的教育效果，通过名家大师接地气的报告或演讲，则起到了梦想导航的作用，给在校学生提供可资借鉴的成功案例。另外，看电影和读小说则是最为方便的间接体验方式。一部电影可以让学生的爱国情感汹涌澎湃，一部小说也可以让学生明白友谊的珍贵、善良的可嘉。这样的导航可能不像说教那样来得直接，但放在学生成长的一个周期里考量，却会有强基固本的成效。

让学生把握自己

大学专业介绍与职业分析课

一个偶然的机会看到台湾忠信高级职业中学的学校介绍，和我们许多学校的介绍不同的是，他们把每个专业将来升大学对口的专业都做了详细的介绍，包括本专业目前开设的和升入大学后将要开设的全部课程情况，因而使学生对未来职业很容易有一个清晰的了解并可以帮助其做出理性选择。

借鉴忠信的经验，我们做了两件深受学生及学生家长欢迎的工作。一是在高一新生一入学时，就把大学各专业的介绍印发到全体学生和家长手里，让学生及早了解高中课程包括选修和活动课程与大学各专业之间的联系，明确大学各专业对高中课程学习的基本要求。二是开设未来职业分析选修课，对学生的就业加以指导。许多时候，我们还有针对性地邀请部分家长参与听课，或者干脆请有关家长一起上课。

这样解决了两个问题。一是怎样辨识学生的志向和想入非非。实践证明那种怕学生太早地了解大学容易使他们想入非非的担心是多余的。当学生真的弄明白了自己所面对的究竟是什么的时候，他们的志向便更加坚定有力，把握自己才不会虚无缥缈。二是怎样认识今天的学业与未来的就业之间关系的问题，不要责备学生一心二用，在上学期间就着眼于就业不仅不会分散学习精力，而且就绝大多数学生来说反而增强了学习的动力。这个动力是无形的，却是实实在在的，而且是我们当老师的苦口婆心难以换来的。

今日反思

其实，如果缺少了中学校园里课程的选择性，没有对浓缩的社会生活的自主体验，仅仅浅表地了解大学专业或社会职业，学生仍然无法真正为自己做出选择。即使凭相关介绍和分析选择了自己喜欢的专业，未来也可能反悔，因而，学校教育仍然应该把重点放在学生的自主体验上。有这个作为基础，辅以其他诸如前述的专业介绍和职业分析，才会真正起到引导学生的作用。

今日的十一校园里，每位学生都会经历创建多个社团，并且在社团的自生自灭绵延传承中安全地体验创业与合作；他们都会在多次的职业体验课程中，选择走进自己感兴趣的职业领域，直接面对职场人的工作状态并与之面对面；他们甚至可以“应聘”各种校园岗位，与教师一起获得“工作经历”……每个学生经过三年六个学期，甚至六年十二个学期的选择、体验，大都对自我、对职业、对社会有了一些基本的认知，所以，在高考选择专业志愿时，基本都有了比较明确的方向。这些都是长期教育的结果，待到高三填报志愿时，老师们反而无事可做了，因为到这时候，已没有多少学生需要咨询老师了。

帮他们适应未来的大学生活

毕业生“扶送工程”

如同从小学进入中学后的不适应一样，毕业后的高中生在进入大学校门后也会有一段适应期。为了帮助他们顺利适应未来的大学生活，我们实施了对毕业生的“扶送工程”。

“扶送工程”在高校录取通知书下达后开始，凡被高校录取的学生都可以返回母校进行一段大学生活前的训练和学习。学校图书馆、阅览室向他们开放，学生可以查阅与自己本专业有关的书籍，为将来的学习做铺垫。语音室、微机房向他们开放，毕业生可以进行语言训练和计算机操作，为适应大学学习环境打好基础。此外，学校还邀请回家度暑假的大学生向应届毕业生介绍大学生活、学习的基本情况，以亲身经历向他们谈适应大学生活的体会，传授经验。请已经大学毕业的校友与考入相关专业的毕业生交朋友、谈心。学校心理咨询中心也举办“走好大学生活第一步”心理学讲座，给他们分析大学生活中可能会遇到的问题，传授他们心理适应的方法。

“扶送工程”站在学生的角度上为即将进入高校的毕业生提供指导和帮助，使他们可以比较顺利地完成从中学生向大学生的角色转化，减少由于不适应环境对学习、生活造成的影响。一张张从高校发来的我校毕业生被评为优秀大学生的贺信也充分证明了“扶送工程”的价值。

今日反思

在那个年代，特别是学校课程缺乏选择性，学生对社会、对大学生活缺乏了解的情况下，这样的“扶送工程”体现了一所中学为自己的毕业生质量负责的精神与情怀，确有必要，也收到很好的效果，让母校成为学生的港湾。

今天的十一学校，已经把“扶送工程”贯穿于整个教育过程，融合在中学生生活中，对绝大部分学生来说，已无须专门的“扶送工程”，但对有的学生仍然需要特别关照。譬如，从未住校的学生，就需要一些生活方面的帮助；选择了相对陌生或富有挑战的专业的学生，则需要约请相关的老校友加以指导；对一些希望把中学时代创办的社团或公司带到大学里去的学生，则需要相关的专业人士或有着类似经历的校友给予引导，以免误入歧途。

另外，“扶送工程”在今天的十一学校也延伸出了我们对母校的新认识：学校如何成为毕业生无论走到哪里都可以寄托精神的家园，让学校真正成为母校？为此，十一学校在教学楼改建过程中，专门设计了一个“缘宫”，被校友们称为“婚庆大厅”；我们设计了“校友卡”，让十一校友都可以永久享受母校的服务。这些既是让学校成为母校所应该做的，也是在这个连接的世界里让校友成为教育的重要资源的意义所在。

第五辑

让每个学生都获奖

一个双休日，我在公园门口碰到了一个朋友，他带着全家，包括他的那个正在我们学校上高一的儿子，要到公园里去。这使我非常惊奇，因为我知道我朋友在一个企业干销售公司经理，忙得难以偷闲不说，单就整天走南闯北的他来说，在高密哪还有逛公园的兴致？见我迷惑不解的样子，他不好意思地告诉我，儿子在学校里评了个“优秀科代表”，由于过去管得少，儿子学习一直上不去，上学整十年了，除了在小学得了一次小红花外，这是他第二次获奖。说好了的，只要学校奖励他，他们也奖励他，这逛公园就算是对他儿子的奖励了。

这应当看作我们“让每个学生都获奖”德育工程的良好效应了。这个工程我们已经实施两年了。任何一个懂得学校工作的人都会明白它的效果。然而，简简单单的一句话，操作起来却有不少问题值得注意。首先，是一个准的问题。给这么大面积的学生定性，工作量庞大，学生眼睛可是雪亮的，万一搞不准，效果适得其反。其次，奖项要科学。若干奖项因人而设，不拘常规，不仅“优秀科代表”可以奖，“优秀摄协会员”“勤工助学先进个人”也应当表彰；许多方面却不宜设奖，这是从教育规律上来认识的。譬如，有学生因违纪受到了警告甚至留校察看的处分，处分期间表现优异却不可以因此评一个奖再通报一次，因为在许多学生看来，这无疑等于再“处分一次”。最后，创造奖励。任何一个学校、一个班级都毫无例外有相当一部分既无特点又无棱角的学生，从他们身上找毛病不容易，找优点也很困难。当老师的就有责任给他们创设一些条件、造就一些机会，让他们表现一下自我。我们一个著名的林学家在幼儿园的时候不就当过“优秀‘树组长’”吗？老师为他选择这样一个职位实在是煞费苦心了。

到现在我们的奖项已经发展到 260 多项了，肯定还有不断增加下去的必要性。“让每个学生都获奖”，循着这样一个思路，我们的老师都在思考着不断完善自己的教育技巧。

让每一个学生都能说“我行”

增加评价的尺子

尺有所短，寸有所长。如何利用评价机制引导学生全面健康地成长，是一个值得广大教育工作者思考的问题。“应试教育”对学生的评价标准只有一个，那就是分数；“素质教育”对学生的评价标准应有多个，那是学生全面发展的各个方面。“应试教育”的第一只有一个，那是学习第一；“素质教育”的第一应该有多个，那是学生在全面发展中表现出的个性特长。一把尺子定优劣、一张试卷定终身的做法，扼杀了学生个性的发展，让多数学生生活在一种失败者的灰暗心理状态中，严重影响了学生的全面发展。改变这种现状的最便捷的途径，就是发挥评价的导向功能，增加评价的多把尺子，让学生全面、生动地发展，尽显青少年蓬勃的个性之美。

我们的指导思想是：尊重学生人格，扬长补短，鼓励冒尖，凡是学习达标，又在某方面有突出表现的都可以被评为好学生。比如，以集体利益为重，先人后己、助人为乐，品质优秀的学生，可被评为“德育标兵”；艺体、音美、摄影等各方面有特别技能的，可被评为“优秀特长生”；作业认真的可被评为“作业标兵”，还有礼仪标兵、劳动模范、优秀校报通讯员等。就是一次演讲也要评出最佳选手，一次球赛要评出最佳球员，一次辩论会要评出最佳辩手。而且，这种评选好学生的活动随时随事都在进行，由于评价尺子的增加，人人都有被评为好学生的可能。各类学生得到了肯定性的评价，做一个好学生的愿望得到了满足，对形成理想，增强自信心，激励进取心产生了直接的作用，而这些心理因素对取得新的成绩又起到了进一步的推动作用，随着新成绩的取得，心理因素再次得到优化，从而进入一个不断发展的良性循环。

每个学生都有自己独特的优势、过人的长处，在这一点上，人人都是最好的，个个都是最棒的。多增加几把评价的尺子，就会有更多的学生受到鼓励，从而使他们坚定信念，走向成功。

今日反思

增加评价的尺子，前提是为学生创设更多样的展示自我的平台，提供发现自我潜能的机会，因而，丰富、多元、可选择的课程、活动就成为必需。仅仅通过评价，学生是很难增加自信的，只有在成长的过程中真正找到自己的优势、发现自己的潜能，而且又通过评价得到认可，才可以真正获取自信。

在今天的十一学校里，用课程的力量激发学生内动力成为一种主流的提供多元评价机会的渠道。比如，在每年举行的学生创意产品交易会“红窗汇”活动中，学生不仅可以展示出自己的学习成果，而且通过交易，他们还能看到这些学习成果在别人眼中、在“市场流通”中的价值。有的学生为学弟学妹整理、设计了手绘版数学精华或者学霸错题集，得到的反馈是供不应求，需要预定；而有的学生设计的作业产品创意很好，技术含金量也很高，可是因忽略了外观设计而影响了“销量”，这样的评价无疑对一个学生是莫大的激励，并能获得真实的反思，成为日后学习的新动力。

构建全面提高学生素质的机制

选修课、活动课学分管理制度

为使学生的个性得到充分的发展，学校开设了中学生礼仪、心理学、法律、日语、韩语、硬笔书法、艺术欣赏等34门选修课和摄影、电视节目编播、手工制作、电子技术、演讲、新闻写作等29门活动课。学生可根据自己的兴趣、爱好任意选择，当然，有两门课程（中学生礼仪、心理学）是必选的。

为了确保学生学有所得、学有所长，尤其是规范两课的管理，提高教学质量，学校颁布了选修课、活动课学分管理制度，规定每门课程满分为五分，每名学生在高中阶段要至少学完五门选修课，1 ~ 2门活动课，积分最少30分为选修课、活动课合格，否则不能颁发高中毕业证书。

积分多、特长明显的学生还能评为优秀特长生，受到学校表彰。

学分管理制度的建立，从根本上提高了选修课、活动课的效率，使选修课、活动课纳入了学校正常教学的轨道。

今日反思

20 世纪 90 年代实施这样的学分管理制度，应该是校园里的“土政策”，也正是这些“土政策”，让教育部领导下决心将高密确定为课程改革的实验区。在今天的十一校园里，活动课已变为学生自主组织的社团活动，比起当年的活动课有几个不同的特点：一是社团内容和活动方式均由学生自主确定。二是不再安排指导老师，以防止老师在学生活动中带来过多的束缚或以自己的想法代替学生的想法。当然，如果有些社团的学生愿意聘请老师做指导，那就是双方自愿的行为。三是既注重传承，鼓励学长带学弟学妹让社团良性发展，也包容失败，让学生获得安全的“创业失败”的经验与教训。在对社团的评价中，其中有一个维度即是看社团社员在各个年级的覆盖情况。这样的社团活动完全由学生自主，他们需要直面冲突与失败，需要理解协同与延续的意义。这样的学习经历有着与其他必修、选修课程不同的形态，对学生成长会产生不一样的影响。

全面评价学生的能力

学生技能测试站

提高能力、发展特长是素质教育的目标之一，但许多学生却只注重文化科学知识的学习，而忽视了艺、体、美等技能的训练和素养的提高。为了系统引导学生全面发展，提高学生整体素质，我们除开设活动课、选修课，成立各种学生协会及兴趣小组，开辟发展技能的环境外，还组建了“学生技能测试站”。

“学生技能测试站”由从各学生协会、兴趣小组中脱颖而出的、在技能方面有突出特长的学生和活动课、选修课教师及学生协会、兴趣小组的指导教师组成，由他们设计测试的内容和方式，在每学期初和学期末对学生进行技能测试。学期初的技能测试主要针对刚入学的新生，测试内容由技能测试站列出，让新生选择有发展基础或感兴趣的技能项目进行测试，但每一名新生至少要选择五项以上的技能项目进行测试，多选不限。这样，进入学校的每一名学生通过测试都可以找到一项或几项适于深度发展的技能，同时一批有特长的学生也从测试中选拔出来，充实了我校的“特长生”队伍。对测试成绩全部平平的新生（很少），由技能测试站根据学生的实际情况，为其提供参考的技能发展项目。

对新生进行技能测试不是为了让新生选择有专长的技能项目在以后的学校生活中发展，其他方面的技能不再涉及，而是让学生更清楚地认识自身技能发展的状况，发现已经成为优势的技能项目，做到以点带面，使他们成为既“特长明显”，又全面发展的人才。

学生技能测试每学期进行一次，测试结果作为学生综合能力发展的一个指标，是评选“优秀学生”“特长之星”的重要条件，这促进了学生训练提高自身技能的积极性和主动性。

今日反思

现在十一学校的学分管理体系，仍然有技能测试赋予的分数，每项技能分为初级、一般和熟练三个等第，不同的等第获取不同的学分。不过，我们不再规定学生必须选择测试的下限，如果技能方面确无特长，我们也不再勉强他们一定去掌握，因为我们在教育实践中确实发现有的学生尽管在技能方面表现平平，但在其他领域却有超人的优势。

除了技能测试，我们还在固定的场所，如餐厅，收购学生的各种创意或作品，将符合要求的收藏在学校博物馆，或发给证书，或颁发奖学金，以开放的平台鼓励学生的创造性。

无论是当年的技能测试站，还是今日的学分管理体系，形成一个常态化的让技能生长、发现、发挥的空间是非常重要的。在十一学校里，有时候虽然没有特别规定时段测试，而是利用中午时间常态化地进行“校园吉尼斯”活动，同样能激发学生发挥自己的技能特长，并且在不断挑战与超越中获得自我肯定。这些做法的背后体现的是重要的教育理念，给予学生“扬长”的机会，着力于长处发展，带动学生更主动地进行调节和平衡。

为“个性”寻找机遇

成立“特长生导师团”

当我们对教育的功能做些更深层次思考的时候，就会有一个命题摆在我们面前：教育就是最大限度地为个性的发展创造条件，提供可能。

“无个性即无人才”，个性的外显形式，通常表现在一个人的特长上。怎么正确引导、科学培养学生的特长，为个性发展寻找机遇、创造条件，成为我们教育改革的一个重要课题。于是，就产生了这个“特长生导师团”。

导师团共有近60名成员，除了我们本校的骨干教师以外，还有20名来自社会各界，如当地的书画界名流、科技专家甚至民间艺人等也接到了一个烫金的聘书，受聘在导师团任职。每位导师根据各自专业的特点，分别带2～6名学生，每周拿出两个小时的业余时间对学生进行辅导，有的导师甚至带着自己的徒弟参加学术会议、参观名家书画展览，甚至为其举办音乐演唱会。足球俱乐部的学生在导师的有效指导下参加全市的足球联赛而一举夺魁。外聘导师不仅解决了我们师资结构单一，无法完全满足学生个性培养要求的问题，很大程度上也为我们长期习以为常的教学模式带来了一些冲击，引来了社会的“活水”。

今日反思

城市中的学校，不再为聘请特长生导师犯愁，校园内外，各个领域可以为学生辅导的人才比比皆是，特别是家长在这方面也很有热情。在这种情况下，我们特别需要防止学生“被特长”的现象。

城市中的孩子往往很小就在社会上一些培训机构中练就了一个甚至几个特长，其中有一些并非孩子的优势或爱好，只是因为家长的原因，他们才情愿不情愿地学习了一些技艺。因此，如何判断其是否适合孩子的个性，是否能够挖掘孩子的潜能，是否代表着孩子未来的发展趋势，是一个关键问题。切不可已有什么特长就不分青红皂白地一贯到底，这很容易伤害孩子的学习兴趣，且影响其真正优势的发挥。

另外，对特长生的培养，我们往往会不知不觉地陷入一个误区：特长生在多个领域的争金夺银成为学校培养特长生的动力。这时候，我们就需要用一把尺子来校准自己的教育目标：究竟是为了学生还是为了学校？切不可让学生的特长成了为学校争夺荣誉的“工具”，更不可把特长生的招揽作为挑选好生源、获得好名声的途径。

注重学生个性和特长的培养

设立特长教研室

为规范选修课和活动课教学，学校设立了特长教研室。

特长教研室成立后，开设了一系列拓宽学生知识面、发展特长、增强能力的选修课和活动课，并对特长教育进行系统的课题研究，先后制定了《高密一中选修课、活动课学分管理制度》《选修课、活动课教学考核评估办法》《高中招生特长科目加分规定》以及选修课、活动课总体目标等，并组织编写了各选修课、活动课课程标准，以此作为选修课、活动课教学、评估的依据和考试命题的依据，保证了选修课、活动课的正常运行。

注重学生的自我锻造是特长教研室的工作重点之一，如电视台台长、记者团团长、演讲协会会长、摄影协会会长、艺术团团长、文学社社长等各种活动课负责人全部经过竞选、答辩产生。

为培养和激励学生发展爱好和特长，特长教研室还组织了一系列固定活动。比如，记者团的学生除对校园的重大活动和热点问题及时进行报道外，每月还到一个企事业单位进行采访以开阔视野，磨炼自己，并评出最佳记者；演讲协会的学生定期举行演讲比赛和辩论赛，每周评出一名最佳辩手；足球俱乐部的学生每周举行一次技战术对抗赛，每月进行一次职级调整（晋级或降级）；摄影、书法、美术、征文、剪纸、集邮、小制作等也都定期举行比赛。特长教研室还聘请著名的书法家、美术家、摄影家、报社主编等名人作为社团活动的顾问或特长生导师定期来校指导特长生。

许多学生在活动中脱颖而出。尤其是有些文化课差的学生，本来对自己丧失了信心，但开设的选修课、活动课，使他们的特长有了施展的机会，并得到了发展，从而产生了一种成就感，增强了自信心，丢掉了因文化课基础差而产生的心理包袱，反过来又促进了文化课的学习。这些学生即使考不上大学，将来踏进社会，也有一技之长，具有适应社会的生存能力和竞争能力。

仅对 1996 － 1997 学年度的统计，学校就有 146 名学生在省级以上各类竞赛中获奖，近 400 名学生的诗歌、散文、小说、美术、摄影、书法、篆刻在全国各级各类报刊上发表，在全省大中小学参加角逐的文学艺术博览会上，学校被评为“十佳院校”，是全省唯一的一所普通高中。校刊《幼林》先后两次获全国中语会校报校刊评比特等奖，并被评为全国百家校刊；在经国家教委审批的第四届“曙光杯”书画比赛中，学校获优秀组织奖。在山东省生物奥林匹克竞赛中，学校被省竞赛组委会授予“优胜学校”称号。

今日反思

世上本没有坏孩子，单一的评价制度造就了“坏”孩子；校园里本没有后进生，后进生其实是那些还没有发现自己潜能的学生。当年在高密一中设立特长教研室以及开设大量选修课、活动课，让我们开始意识到这一点。

目前，十一校园里的生态，每一位学生都显露着自信。无论是鲜花还是小草，都同样享受着阳光雨露。

现在，选修课的开发已全部纳入学生的课程规划，而对社团建设的研究则更需要进一步深入，如何让社团成为锻造学生综合能力的平台，如何让一个群体逐步成为一个团队，如何让社团代代相传，如何处理好学生自主发展与教师、家长引导之间的关系等，一系列问题尚需解决。

体者，载知识之本，寓道德之舍也

每人一项健身活动

每到下午活动课时，走到操场你就会看到：两支学生足球队正在激烈争夺，50余个乒乓球台无一空闲，武术场地、排球场地、篮球场地里的学生大汗淋漓，形体房里人员爆满，还有打羽毛球的、练太极拳的、翻双杠和单杠的，等等。

近年来，随着素质教育的进一步完善，学生健体已成为学校教育的一项重要内容，每人坚持一项健身活动，已成为学生的自觉行动。

参加体育锻炼在我校不再只是为了体育考试时能合格，更重要的是为了学到一定的健身本领，拥有健康的体魄，为将来走上社会，形成健康的生活方式打下基础。因为身体是学习文化科学知识和将来为国服务的基石，正如毛泽东同志所说的“体者，载知识之本，寓道德之舍也”。

今日反思

学校的体育课，不仅是为了当下，更是为了未来，为了每一位走出校门的学生，能练就一项熟练的活动项目，喜欢上这项活动，并形成终身锻炼的习惯。

由于各种生理天赋、习惯和基础状况的原因，每个人喜欢的运动项目各不相同，在一个校园里尽最大可能开发更多样的体育活动课程是我们的使命。一般来说，如果学生喜欢上某一个项目，用中学三年的时间完全可以达到熟练的程度。只要达到熟练的程度，一般也就会成为人们喜欢的运动，习惯也就自然养成。

在十一学校里，体育运动已经走出了传统体育课跑、跳、投“老三篇”格局，也改变了一节体育课不出汗、达不到运动效果的状况，因为有了自主选择的运动项目和学分管理机制，体育课程正在发挥着育人的特殊功能: 一是达到该项目的运动技能标准; 二是养成健身的习惯和健康的生活观念；三是以共同的运动项目为纽带结交伙伴与同道，给持久的友情搭建桥梁；四是培养学生沟通、合作的能力和坚韧不拔、直面挑战的品格等。

让德育评价更公正、合理

避免德育积分的相抵相扣

对学生进行德育考评时，经常有这样的事情发生：作为量化指标的德育积分并不能准确、全面地反映学生的道德面貌。一些其他方面表现良好的学生，因某一方面或某几方面的失误被扣了分，结果德育积分在相加的过程中形成了互相抵消的现象，这些学生的德育积分也变得平平或偏低。学生的品德面貌也很难从分数中得到准确了解。德育积分的相加相抵现象削弱了德育积分对学生评价的效度，也使得在某些品德发展方面有突出表现的学生因德育积分的相加相抵，而得不到及时的鼓励，失去了德育积分的激励作用。

为了尽可能避免这种现象的发生，我们改革了德育积分的办法。在对学生进行德育量化时，首先将考评内容进行细化分类，把德育考评内容分为几个分项（如卫生、礼仪、守纪、助人……），从不同的方面对学生进行分别量化考评。每个分项的基准分都是100分，按照分项中各细则规定进行考评，在100分的基础上加分或减分，然后根据各个分项分数的不同，对分项积分进行相加。这样得出的总的德育积分基本能够公正地反映出学生的德育状况。

评选学生德育标兵时，既顾及德育总积分，也重视各分项积分。每个分项都设德育标兵，凡分项达到德育积分标准的学生可评为分项德育标兵（如卫生标兵、礼仪标兵、遵守纪律标兵……）。德育积分标兵的人数没有限制。

新的德育积分办法极大地调动起学生加强品德修养的积极性，也使更多的学生体验到了激励的作用，德育积分相加相抵的弊病被克服了。

今日反思

评价如果仅仅是为了甄别优劣，我们往往只要结果就可以了，但如果是为了促进被评价者的进步，那评价就必须明确引导的方向，让被评价者在清晰的目标下给自己定位，在清楚自己长短的基础上做出理性选择，“我要成为怎样的人”“我选择怎样的道路”。那种萝卜、茄子堆到一起的评价方式，让被评价者感觉非常迷茫，不知所措。

一名学生的德行养成，因为其始终是动态的，因此我们很需要提高一个意识，任何结果性评价都无法精准地给一名学生的“道德”做出鉴定，因此，通过“暴露引导—创造机会—给予可能”的过程设计就显得尤其重要。在十一学校里，我们探索了过程性评价的机制，用成长的视角看待每一个学生的“可能性”，但这依然需要漫长的探索与完善。

在对教师工作的评价方面，我们也注意坚持评价是为了促进被评价者进步的价值观，避免不同项目之间的相抵相扣，如把工作业绩和学术素养分开评价，防止同一个量表中各项结果的简单相加，如每学期的教育教学工作调查，对 10 个指标的调查结果分别表达，而不是简单相加。这样，每位教师就十分清楚自己的长短，坚持什么、改进什么也清楚明了了。

承认差异，尊重需要

分层教学与学生自修室

分层教学是把学生按照学习成绩的优劣分为不同的等级，对不同等级的学生分别进行教学。作业和考试也同样分成不同的等级。学生可以比较轻松地接受适合自身等级的教学内容，作业和考试也可以比较顺利地完成和通过。

我们采用的分层教学分为成功课和提高课两种。学生根据自己学习的实际情况选择上哪种类型的课。一个学生既可以全部学科选择上成功课或提高课，又可以部分学科选择成功课，另外的学科选择提高课。比如，一个数学偏科严重，但其他学科优秀的学生便可以只选择数学成功课，而其他学科选择提高课。成功课主要面向学习基础弱的学生，以掌握基础知识、指导学习方法为主，重在培养学生的学习兴趣，形成良好学习习惯，习题和考试也较简单，让学生在学习中能够体验到成功，以增强他们学习的信心；提高课主要面向学习成绩较好的学生，以培养思维能力和知识灵活运用的能力为主，使学生所学的知识在巩固的基础上得以提高。

通过成功课学习，成绩有显著提高的学生可以申请参加提高课的学习，在提高课中感到力不从心的学生也可以申请参加成功课的学习。

如果说分层教学承认学生的差异，尊重了学生的需要，那么学生自修室则把学习的权利和自由更多地交还给了学生自己。学生自修室在早晚和节假日时间向全体学生开放，任课教师可以到自修室为学生答疑，但不能将自修室当作课堂。学生在自修室里可以阅览书刊，复习功课，预习将要学习的内容。

分层教学和学生自修室，为教师提供了因材施教的教学环境，同时又给学生更多自由支配的学习机会，既有利于学生全面提高，同时又保证了学生特长的发展。

今日反思

20 年前的这种尝试后来没有持续，原因有许多，根本原因是定位有问题。如果我们不是站在学生个性发展、优势发挥、潜能发现上，而仅仅是为了提高学生某一科目的分数，这样的课程规划，必然造就先天的矛盾。绝大部分学生都会盲目追求难度大的高层课程，表现在家长那里会更加突出，而任课教师也会把执教不同层次的课程看作区分自己水平能力高低的分水岭，即使那些教授难度较小的低层次课程教师，也会不自觉地加大教学难度，模糊自己的课程定位。

不可持续的另一个原因是仅仅在数学、英语等学术性科目上分层，使一些在艺术、体育、技术等方面潜能巨大的学生感觉失落。这些学术性科目薄弱的学生往往在其他领域有着突出的优势，然而由于没有相应的课程选择，他们就没有适合的平台展现自我，无法在校园里获取自信，而只是一味地在已经分层的学术科目中选择较低的层次，使自尊心受到打压，很难平衡自己的心态。

任何一项改革，必须得到各方认可方能健康发展，而这种个别学科分层教学的尝试，往往得不到学生、教师和家长的认可，因而，很难收到好的成效。

今天十一学校设计的“分层、分类、综合、特需”的课程体系，之所以解决了“先天矛盾”，其原因至少有四个方面。一是把选择权交给学生。学生在选择哪个层的过程就是自我定位、自我确认的过程，而不是简单地以分数为导向；同时学校提供了“调层”的机会和更多个性化台阶的铺垫。二是在系统的课程图谱中加以平衡，不是个别课程的分层，而是整个课程体系内的所有学科。因此，学生不会羞于去选择低层的课程，因为他知道自己可以在另一些课程中表现优异。三是无论哪一层哪一类课程，都是一个完整的闭合系统，而不是同样的教材、同样的内容进行简单的难度降级。这样既能给予学生逐级发展的空间，也助力于教师成为这一领域的专家和首席。四是渐渐彰显的课程育人价值。当整个课程体系都基于对选择的尊重，基于学术专业的支持与供给，基于“为自己的学习而负责”的目标引导时，学科育人就自在其中了。

淡化名次效应

用“比值”衡量学生的成绩

家长、学生一般都比较重视每次考试的名次，尽管学校不排名次不公布学生成绩，但学生包括家长仍然能尽千方百计自己把名次排得清楚明白，并且往往以名次的升降来衡量学习成绩的进退或以名次来评价学习成绩的优劣。这不仅不科学，而且往往对学生产生很大的负面影响。

怎样才能比较准确地评价一个学生的学习成绩，尤其是一时学习的进步呢？近年来，我们采用的“比值”的方法，效果较好。每次考试后，我们把本班第一名学生成绩的比值确定为 1，其余的学生则以自己的成绩除以第一名学生的成绩，所得的商即为该生的比值。这种评价办法不同于名次的评价就在于引导学生更加注重自我评价，因为各班第一名的成绩一般都能稳定在一个水平上，因而学生历次考试与第一名的比值往往比较客观地反映出他的进退。比如，1997 级实验一班一名学生入学考试时，其名次是第 35 名，期中考试降到第 46 名。当家长知道后急忙到学校找班主任，想了解自己孩子学习成绩下降的原因。班主任则将两次考试的比值拿了出来，第一次考试比值是 0.84，第二次考试成绩尽管下降了 11 个名次，但比值却上升到 0.87。这说明该生的学习成绩不但没下降，而且是进步了，家长这才放了心。

“比值”这一评价方法的使用，淡化了名次效应，使学生不用整天左顾右盼，过分关注别人成绩的升降进退，而是把精力放在了对自己学习成绩的审视上——扬长避短，查缺补漏，不断地完善自我成为学生的追求。

今日反思

通过按分数排名试图“刺激”学生和家长，以期获得学生学习动力的方式，在 20 年后的今天不仅没有得到缓解，反而愈演愈烈。很多学校也一直在苦苦探寻，怎样才能改善分数的高利害，让学生在“自己跟自己比”的过程中获得“成长比成功更重要”的体验。

20 年前高密一中的这种方法可以从某种程度上缓解家长的某些焦虑，可以作为分析学生成绩的一种方法，但也有相当的局限性。譬如，当命题的难度、区分度有着较大变化时，这种比较就没有多大科学价值。

20 年后在十一学校里，我们努力探索“基于标准的学习”，也是为了形成“教—学—评”的一致性，让教学过程和评价过程都能够基于标准，指向让学生自己看见进步的轨迹，从而形成专属于自己的个性化成长方案。

另外，从根本上说，帮助学生和家长正确认识自己，包括基础状况、个性天赋、未来发展方向，是解决这个问题背后的问题。每个人都要走一条属于自己的道路，这条道路的明确需要时间，更需要家长、教师和学生及早地面对。不可回避，越是能够较早地进入梳理、探讨甚至设计的阶段，教育和成长就越是理性、健康。把家长和学生拉入这个大门十分困难，却很有意义。

对将来负责，为未来奠基

第二外语与双语教学

如果我们把自己的责任定位于学生进校之后和离校之前，那么，只要认真灌输学生高考必备的知识，将学生顺利送进高校，就万事大吉了。可是，我们肩负为祖国未来培养高素质建设者的责任，面对着一个国家之间距离越来越小，人类交流越来越频繁的时代，我们就不能只顾眼前利益，不顾将来发展。

我们一直很重视英语教学，但是如果能在高中阶段让学有余力的学生接触点儿第二外语，强化一下第二外语意识，是很有必要的。为此，我们增开了两类选修课：一类是第二外语，即韩语、日语、俄语；另一类是双语史地。我们利用自身的办学吸引力，分别从山东大学、华东师范大学、东北师范大学的毕业生中招聘了专门教师，利用选修课，对学业成绩优秀的学生和部分有兴趣的学生进行第二外语教育，为他们将来读博士或参与对外交流做准备。我们还在文科班开设了双语地理、双语历史课，直接选用外语原版教材。实验证明，双语教学既让学生学到了专业知识，又提供了使用外语的环境，增强了学生对外语学习意义的认识。

商界有句话，谁先占领了市场制高点，谁就赢得了竞争的主动权，我们的想法就是：极早培养，争取主动。

今日反思

20年前的这些做法在当时当地不仅稚嫩，而且很难得到社会呼应，而今天却成为全社会的共识。

当然，今天这不仅仅是语言教学的问题了，而是对多元文化的理解，是经济全球化的必然要求。在十一学校里，课程也绝非仅仅语言类课程，而是将这种思想贯穿在所有的学科之中。当然，第二外语也增加了许多，不同国家的文化日也有20多个，理解世界成为校园生活的一部分。

另外，我们还开发了除英语外的第一外语，如法语、德语，尽管选择的学生数量不多，但却是为国家准备战略性人才。

第六辑

让学生唱主角

新学期一开始，团委、学生会的几位青年教师和一群学生就兴致勃勃地搞了一个新创意：高一新生的队列广播操比赛不再麻烦老师们“操心”了，完全放给高二、高三的学生自己组织、自己评判。

这样一个创意在每周一次的教务会议上显然是一个叫人放心不下的议题，我开了一个口子，要夺“权”不要紧，但让教导处搞招标，全校所有班级投标，谁中标就交给谁。

招标阵势一拉开，场面恢宏，偌大个学术报告厅座无虚席，评委们紧绷着脸，显得沉稳而严肃；答辩的则满脸激动，用不同的方式掩饰着各自的紧张；班主任老师也一个个变得像是自己第一次登讲台一样。

答辩的水平之高，出乎老师们的意料之外。学生不仅把整个比赛的常规性工作梳理得彻头彻尾，而且连天气的因素，包括下大雨怎么办、下小雨又如何处理，都考虑得滴水不漏，甚至有一个班级到学校邻近的一家医院联系好了急诊，一旦发生意外，可以做到“有备无患”。

我们心里没底的老师算是真的有底了，终于，把标底判给了一个举着全班56名学生签名的旗帜参加投标答辩的班级。

事情到这里本该告一段落了，可是，第二天，从“校长信箱”那里转给我这样一封信：我们是昨天中标的1995级5班的几名学生，有一件事想请您给我们做主。本来中标组织比赛的是我们56名同学，可是现在班里宣布的组委会主席和副主席却是我们的年级主任和班主任。我们非常热爱自己的老师，可是，我们也非常希望老师把这次旨在锻造我们自己的每一个环节都交给我们负责。校长老师，拜托您了，给我们说句话吧，不然我们班的许多同学都有点泄气了。

这显然不是想找“官”当，学生是真正地在把握机会了。

我装出一副随便问问的样子找到了老师们，正像通常我们考虑问题的方式一样，老师这样做显然是替学生“着想”，不想让出组委会主席的原因有许多，重要的不过两个：一是没有一个能够全面担当此任的人选；二是怕把这么一个位子压在一位学生身上对学习影响太大。

不能说老师的担心是多余的，可是，真的没有既能满足学生又让老师放心的办法吗？

还是学生把办法想出来了。他们自己组织了一个主席团，一个主席主管一件事情，主席团的团长一件事也不分管，只做总协调。繁杂的事情让大家分担了，同时又反过来锻造了许多“主席”。年级主任和班主任只好退居二线，做了“顾问”。

我这个做校长的也由此有了一个意外的收获，学生也郑重地发给了我一个“顾问”聘书。据说这是主席团会议临时决定的，应该可以看作对校长的鼓励与奖赏了。

让活动过程成为教育学生的过程

“校友业绩展廊”

一开始筹办“校友业绩展廊”，就把承担这项工作的办公室同志难坏了。可真是，真要把两万多名老校友逐一联系起来，再将他们的业绩图片、证书逐一整理、选择，办出这个展廊，办公室的全体人员即使全力以赴，怕是一年半载也难以完成。

显然，办业绩展的最终目的是为了教育学生，那么能不能把这个过程也转化为教育学生的过程呢?

有了，把这项与老校友联系的繁杂任务交给学生。这可是一股很大的力量，我们有 2000 多名在校学生，根据选择的原则，学校把历届校友基本情况一览表印发给学生，然后请他们自己选择联系对象。老校友们有的在天涯海角，有的即便是自己邻居的也素不相识，有的恰是自己的爸妈。联系对象一确定，或书信往来，或座谈采访，第一手材料很快丰富起来。学生面对着老校友的业绩，更加鼓足了前进的勇气；看着老校友的语重心长的来信，更加坚定了信心。

办展廊的过程变成了教育学生的过程，这既是一个问题解决方案，也让我们重新思考了教育的价值。

今日反思

现在对校友的寻访，除了用校友的力量激发在校学生的学习动力外，我们还增加了两个作用。一是“在校期间对你影响最大的有哪些事”，对这一项目的汇总，会加深我们对学校教育的反思，不断改进教育教学工作。第二，我们特别注意汇总校友在校期间的任课老师，特别是师生合影、通信或其他有意义的资料，目的是将校友的业绩和老师联系在一起，以增强老师们的成就感。

让学校真正成为学生的乐园

体育节≠运动会

似乎已经习以为常了，在过去，我们运用学校和老师的权威，让学生做了许多他们不情愿的事情。运动会可以算是介于情愿与不情愿之间的事情了。

说情愿，是就大部分体育爱好者，尤其是有运动项目的学生而言。说不情愿，是因为有许多学生在或风尘滚滚或烈日当头的操场周围，既非运动员，又非裁判员，但又必须端坐如钟，或一天或两日，对所有或感兴趣或不感兴趣，或看得清或看不清的项目，一律鼓掌助威。一到运动会前夕即有不少学生挖空心思编理由找借口请假，便是证明。

鉴于此，我们调转指导思想，把运动会改为体育节。名字的改变，带来了活动性质的改变。首先，必须以让学生高兴为“前提”，不然还算什么“节”。这样，我们尽可能地多设立一些学生感兴趣的项目，甚至面向全校学生征集活动项目。另外，在学生参与面上，强调全员参与，不能有过节的，有看人家过节的。这样，为了满足一部分体育竞技水平不高的学生的需要，我们在选定项目时，充分考虑到层次性，如既设跳高项目，又有跳绳比赛；既有百米冲刺，又有山地车慢骑，以使不同层次的学生各显神通。在一些细节上，我们也尽可能体现喜庆色彩，如在学生服饰、啦啦队的阵式、舞蹈队点歌台的助威等方面，都搞得生动活泼。除此之外，学校还对我们的老师有一条特殊规定，即在这两天，不允许批评任何一位学生，因为是在“过节”。

今日反思

在十一学校里，当体育课程超过三十多门，每一位学生都有着自己无比热爱的体育项目的时候，每年两天的体育节就无法满足他们的需要了，于是，体育季便应运而生。

每年春季的 5 月和秋季的 10 月为学校两个体育季时间。每周有 3 ～ 4 个下午安排不同类别的体育竞技项目，计划安排提前公布，由学生自愿报名参加相应比赛项目。既有个人项目，也可以教学班、社团、各类学生民间自组织共同参加。这样一来，学生的参与率大大提高。而且，由于体育季组织的门类很广泛，因而每位学生都可以尽情参加自己热爱的项目，自然也就容易体验到成就感、有乐趣。每次活动的运动员和观众都是相对专业的师生，他们共同切磋的深度明显增强，跨年级成为朋友，然后一同去参加校内外体育活动甚至其他非体育社会活动的概率也大大提高。

从体育节转向体育季有两点值得注意。一是体育比赛的目的。传统的运动会或体育节有一个明确的目标——为班级争名誉。由于行政班是他们朝夕相处的集体，大家都十分在乎各自在其中的贡献。选课走班背景下行政班消失，即使我们任性地保留着教学班的组织，此教学班也非彼行政班了，学生的集体主义精神、团队意识的培养必须重新搭建平台。所以，理清一个个新的学生自组织，梳理各类不同的竞赛项目适合什么样学生的组织参加，以什么样的计分办法宜于激发学生的团队精神，其中大有文章可做。二是平衡好比赛过程中自我激励和他人鼓励的关系。大部分学生尚处在比赛是为了让别人看的阶段，在比赛中结交了运动同伴是好事，但更重要的是最终必须培养出“为自己而奔跑”的学生。他们所有的奋斗，包括参加体育运动，不是为了秀给别人看，而是自己清楚究竟为什么。如果我们的学生能够不在乎别人是否在场、能否点赞，完全视为自我追求、历练人生的一部分，那么，这样的人生将是成熟的。当然，在学生成长的过程中，我们对孩子的要求不可过高，他们对同伴鼓励的需求，仍然可以助力他们走向成熟，因而，组建一些不同专业方向的啦啦队，在现场欢呼、喝彩，既可以营造气氛，本身也是一种高雅健康的体育活动。

让社会教育学生

评选“高密市十大新闻”

许多学校在谈到德育工作的时候，喜欢谈学校、家庭、社会的“三结合”教育，可是，如果有谁再认真地深究一下社会在“三结合”中是如何结合的，那么便很难得到一个满意的答案。

一般来说，在“三结合”的教育主体中，学校应当是核心，这不仅因为学校教育本身的重要性，也因为它在引导家庭教育、调动社会教育力量中举足轻重的地位。客观地说，如果离开了学校对社会教育力量的有针对性的调动，社会的教育往往显得无序、低效甚至良莠不齐。认真说来，如果真的要搞好社会与学校、家庭教育的结合，那么，学校就必须拿出主动出击的态势来，围绕自己的教育主旋律，调动社会教育力量。那种等社会来配合教育的想法是万万要不得的。

评选“高密市十大新闻”，就是我们主动出击，争取让社会教育学生的一个办法。为了使这一活动充分发挥功效，我们注意了以下几点。① 成立组织。以校报编委会新闻部的学生为“十大新闻”评委，以记者团的学生为采编骨干，成立了“十大新闻”评选工作委员会。② 坚持日常积累，重视过程教育。评选工作每月安排一次集中活动，评委会组织各班推荐本月的重要候选新闻，然后进行集中讨论，许多吃不准的问题还要组织部分学生到有关部门考察、核实，让学生在考察、核实的过程中受教育。③ 组织候选新闻报告会。年终汇集讲评，采取谁推荐谁报告的方式进行。④ 全校师生投票评选与评委评选相结合，强调学生参与。⑤ 评选结果揭晓后，选出学生普遍关心或贴近学生思想或生活实际的两大新闻中心人物来学校活动，或做报告，或由学生电视台聘为特邀佳宾进行现场采访，以增强教育的感染力。

今日反思

20年前的这一做法，在今天看来，其意义不在于具体评选“十大新闻”本身，而是学校教育导向什么样的思路与方法。如今，我们不再担心今后的学生对国际、国内大事的关心、关注，让我们忧虑的反倒是他们对身边事情的热心。那些发生在自己的社区、影响邻里生活的事情，往往更能让他们真切地感受到真实的社会，有助于他们正确而全面地认识世界、理解生活。

比如，寒假期间让学生通过采访社区不同的群体梳理大家最关心的事情，或通过调查了解，归纳社区里发生的典型新闻事件，都可以拉动学生走入真实的社会、走入居民的内心世界。再如，让学生评选一个月内或一个季节里学校所在社区发生的新闻事件，并与国内外的大事件相连接，进行一些分析或举办一些报告会，往往有着切实的效果。

今天，在十一学校里，我们发现一旦教育的引导目标是明确的，那么校园里就会生长出各种关心身边事的方式。比如，近年来的学生社团更多地产生了对弱势群体的关注与支持、对流浪动物的关爱与帮助等；校园里活跃的微信公众号，则常常将身边的社会话题作为重要题材发出学生自己的声音；甚至于在每一天的课堂上，无论是政治课上的时事播报还是语文课上的思辨与表达，都与关注社会和身边事紧密关联。

活跃思维

天天开放的辩论演讲厅

在校舍十分紧张的情况下，我们仍然拿出了一个可容百人的大教室，作为辩论演讲厅。因为，在我们的育人目标中有一项基本的要求就是让学生活跃思维，学会表达。

辩论演讲厅天天开放，在语文教研室和政治教研室老师的指导下，专门有一个学生团体负责。每周末把下一周内每天辩论演讲的主题、形式通报全校学生，学生则根据自己的实际，自主决定是否参与。

通常情况下，一个主题安排三天的辩论演讲时间，学生在每天下午两节的活动课时间里，或和风细雨，或唇枪舌剑；或直抒胸臆，或小河九曲地各抒己见；听众随时可能变为主角。假如三天仍不能使主题明了或让学生尽兴，经过议定，可以在下一周再拿出适当的时间继续辩论。比如，“我看下世纪高密城区”的辩论活动，整整进行了七天时间，才以市规划院总设计师的一个辅导报告暂告段落。

为了规范辩论演讲厅的活动，我们把它作为一门活动课管理。凡参加此项活动的，在演讲次数、时间和演讲质量等方面都有一个专门的评估小组负责。达到一定要求则记一定的学分，每月一次汇总公布；达到 5 分，则该门活动课即告结业；如继续参加，则纳入特长生系列管理。

辩论演讲厅舞台不大，起到的作用却不可低估，我们期待着从这里走出未来的卡耐基和李燕杰。

今日反思

大部分成功人士都拥有极富个性的表达方式和正确有效的表达能力。

无论什么学科，重视学生口头表达能力的培养应该成为课堂评价的要素之一。“一句话表达”“三分钟演讲”“五分钟互动交流”，都是老师们在实践中的创造。

许多学校活跃着模拟联合国组织，孩子们对天下大事纵横捭阖，对身边的事情却漠然置之。如果我们不引导学生明辨身边事理，学会以理服人，那么当他们走上社会时，仍然无法养成关心社会、表达自我的习惯。可以借鉴伦敦海德公园辩论角的方式，在校园里择几处专门供学生集中辩论的区域，而且固定时间、相对确定每处的主题范围，比如，有的侧重校园生活，有的侧重城市社区，有的侧重新闻热点，以此弥补仅仅有“模联”辩论的不足。

塑造健全人格的导师

“圣言墙”

一个人的成长，要从历史文化的乳汁里汲取自己所需要的各种营养，一个人的人生观形成，处处渗透着教育的影响。警语一句，感悟良多，立一面“圣言墙”，折射、透视历史文化名人思想的深刻性，可以借此警示正在成长的学生，使他们借鉴先哲，形成自己的健全人格。

我们对学校的一段围墙稍加改造，将文化名人的一些名言警语、短章名句镌刻在墙上，于是学校的又一景点——60 米长的“圣言墙”产生了。当然，墙要美观、凝重、创造出一种庄严的气氛，让学生走到“圣言墙”下，就像在聆听一位聪明理智、见多识广的智者的教导一样，从而吸取奋发向上的动力和明辨是非的道德力量。圣言的内容丰富多彩，既考虑到影响学生的各个方面，又具有层次性和可接受性。

一句名言可以改变人一生的命运。名言就是这样，它表达一种闪烁着人类智慧火花的思想，常常一语中的，入木三分。生动隽永的文字，予人以精神，给人以智慧，给心灵以震撼，使人的品格得到内化。每年新生入学时，我们以“圣言墙”为基础，开展一系列演讲、报告会，请受到圣言感染成才的老校友返校研讨交流，收到很好的效果。

“圣言墙”——教育学生走向人格完美的好教材。

今日反思

仅仅让学生接受名言警句是不够的，还应该让学生了解这些名人的身世与成就。当名人的故事与名言警句联系在一起的时候，学生就会立体地理解其中的内涵，教育的力量就会变得更生动而有力。

当然，在选择介绍名人身世与成就时，应注意两点：一是选择的故事要典型，特别要适合中学生这个特定年龄段的需求；二是故事本身要与名言警句有一定的关联性，两者要相得益彰。

20 年前的“圣言墙”对今天而言的另一个延伸就是对校园景观之教育意义的理解。随着时代的发展，我们越来越感受到“空间会说话”“空间能够传递情感与力量”，因此，在今天的十一学校，有一排银杏树组成的将军林和将军墙，以此体现学校的办学历史与文化渊源；有很多会讲故事的石头，比如，“赞美石”“安全警戒石”等。我们正在创造一种空间语言，它与学校文化一脉相承，并在空气中弥漫与表达。

丰厚的积蕴，美好的启迪

设立学校博物馆

努力开发与利用教育资源，开拓教育空间，创造和谐的教育氛围，让学校的一草一木、一事一物都呈现文化与文明的积淀，从而潜移默化地影响学生，使他们形成追求文明、崇尚文化、向往成功的人格，是我们坚持不懈的追求。

我们学校建校至今已有半个多世纪。半个世纪之中，前辈校友前仆后继、为国捐躯，用鲜血和生命书写了壮丽的人生篇章；后辈校友为祖国建设挥洒汗水，创造了辉煌的成绩；在校的学生更以前所未有的干劲与智慧，以创造之举和优异的成绩，书写着自己的历史。为了让校友们的业绩成为永恒，启迪每一位在校生的心灵，让他们追慕前贤，奋斗今朝，我们设立了学校博物馆。

学校博物馆陈列的展品琳琅满目，有首届学生支援前线、开展对敌斗争的实物和图片；有历届校友业绩、名师业绩和每年评出的“十佳中学生”业绩；有“每月一星”“特长之星”；还有学生的书画、摄影作品及在各种报刊上发表的文学作品；在各级竞赛中获奖的证书；自己编辑的报刊、摄制的电视片，小发明、小制作，以及教师编写的教材、发表的论文；学校获得的奖牌、奖杯，等等，就连“爱科学”夏令营、特长生夏令营的活动照片在博物馆中也能看到，甚至我们还搜集到了校友们当年经老师批改的作文、作业原稿。

博物馆，是学校的一部历史，也是在校生的一面镜子。一位学生在参观了学校博物馆后，在校报上撰文《我们要给母校博物馆留下点什么》，其中写道：“那么多校友的感人事迹，更激发了我们的成功欲望，我们要用自己的创造在校博物馆占一席之地，用我们对社会的奉献让母校为拥有我们而自豪。”

学校博物馆不仅是一部历史，也是一部教科书，它不时地告诫我们今日的学生要把这部书续写好。

今日反思

让每一位师生在博物馆里都留下自己的痕迹，是十一学校博物馆的基本要求，于是，就有了“收藏十一”这一常规活动。博物馆常年接受每一位师生可供馆藏的物品，一本证书，一份作业，一张照片，一幅字画；近年来，也有了录音、视频等影像资料。在食堂等人流多的区域学校还专门安排“收藏十一”专区，以方便师生呈交自己的作品。需要特别注意的是，每年要对全校师生呈送的物品进行梳理，尽量让馆藏覆盖全校每一位师生。

所藏物品数量很大，不可能全部摆放在展柜里，可以采取轮展、专题展、届别展等方式。当然，对回母校的校友也可让他们去本年级的储藏柜专区考察。

让学生触摸时代的脉搏

学校电视台

躲在象牙之塔、埋在书山题海中的学生考试可能得高分，但却不能保证他们将来踏入社会、走上工作岗位时同样高能。前些年，社会上曾对“高分低能”的教育现象展开过讨论。为了让从我们学校走出去的学生既高分又高能，适应未来社会对人才全方位、高层次的要求，学校克服了种种困难，投资兴建了以滨北电视台为核心的集“摄、录、编、播、控、联”六种功能于一体的多媒体综合电化教学系统。学校电视台的建立，为学生们开阔视野、丰富知识、陶冶情操、施展才华、表现自我提供了广阔的天地，在这里，学生是真正的主人。

滨北电视台是学生的。正、副台长是从全校报名的学生中经过严格考试、答辩竞选产生的，而电视台摄像小组、节目制作小组、主持人小组的组长和成员则是新上任的正、副台长通过考试及严格答辩后聘定的。电视台领导成员“组阁”后，各司其职，负责录制、播放节目。

电视台的活动、工作地点在学生总编室，那里有摄像机、字幕编辑器、特写镜头拍摄机和发射装置等设施。活动内容包括事先定好主题、联系采访对象、写稿、录像、剪辑、播放等。制作的节目栏目有“学海导航”“校园扫描”“特长之星”“实话实说”“点歌台”“一周新闻联播综述”等。电视台成员每周五下午第一节课外活动时开例会，周三、周四联系与组稿，周一、周二、周六录像并剪辑。

有条不紊的分工协作，使电视台的工作成绩斐然。大家看到熟悉的同学、老师在银屏上或说或演，或歌或舞，感到格外亲切。生活从此不再枯燥、单调。

电视台的建立，锻炼了学生的能力，投身其中，能感受到浓浓的时代气息。

今日反思

今天的十一学校没有学校电视台，有的是学生电视台，而且不止一家，成规模的就有三家，还有部分有着同样功能的学生社团组织，与电视台互补。

学生电视台完全自主组织，没有学校和老师的干预，他们变得更加开放，有时甚至天马行空，让老师们脑洞大开。三家电视台之间互相竞争，抢新闻，抢频道，抢播放时段，俨然商业媒体的范儿。

与此同时，我们还组建了学生媒体中心，成为连接学生全媒体的“中介”，服务于不同的学生媒体，让他们的创造能够不断增值，或正式出版，或进入更大的社会传播平台。当然，同时还是引导、培训、规范学生媒体的机构。

近两年，学生还在十一学校组织了京城中学生传媒高峰论坛，联合十几家学校的著名学生媒体互动交流、分享经验。

营造文化氛围

校园“诗牌”和“知识牌”

校园文化建设是对学生进行潜移默化教育的一条途径，优美的校园环境、浓浓的文化气息会陶冶学生的情操，提高其文化品位。

我们除了在教学楼、办公楼、宿舍楼挂上名人画像，写上格言、警句外，还在学生学习、休息散步的植物园设立“诗牌”，如在冬青丛边立一块“用你一身的质朴，烘托百花的艳丽”，在竹丛边立一块“未出土时先有节，至凌云处也虚心”等借花木寄语的诗牌美化和激励学生的心灵。我们还动员学生自己动手，将校园内的各种花草、树木挂上知识牌，介绍花草、树木的属性、生长特点。

近几年，学校的不文明行为越来越少，我想这除了我们狠抓学生管理外，也与我们重视校园文化建设，重视从细节上教育、引导学生有一定关系。

今日反思

校园文化的本土化、故事化是今日十一学校的新追求，比如，校园里的几块石头，就是因为发生在校园里的故事而得来的。一块“微笑石”，是由于美国年度教师雷夫来学校考察，他在十一学校老师们脸上看到的微笑，让他无比兴奋，于是雷夫由衷发出的“微笑是最好的老师”的感叹就被镌刻在石头上，以此勉励十一学校的老师。一块“道歉石”，是因为总务处深夜植树打扰了学生公寓里住宿的学生，总务处的老师主动向学生写了诚恳的道歉信，且贴在了显要的位置。这种老师向学生道歉的姿态让人感动，于是从“道歉树”到“道歉石”，再到“道歉日”，学会道歉成为十一校园里重要的文化。

植物园里的激励

营造“聚贤林”

我们在宿舍楼前的空地上建造了一个植物园，为师生创造了一个学习、工作之余散散步、谈谈心的幽静去处。园中，有一片郁郁葱葱的小树林，师生们都知道，那是我们营造起的一片“聚贤林”。

学校规定，凡从本校毕业考入清华、北大，或在祖国建设的各行各业做出突出贡献的学生，都可以在植物园内植一株纪念树，并挂牌铭志，记录他们在校时的勤奋和离校后的业绩。这些毕业生有的已经白发苍苍，他们受邀回到母校植下一棵纪念树，回顾昔日求学的情景和母校老师的培养，常常激动得热泪盈眶。他们的回访，也把几十年艰苦创业的业绩带给了母校的师生。新毕业的学生英姿勃发，壮志满怀，大有植下纪念树、奋击三千里的豪气。每年的植树活动都吸引了很多观众，记者团的小记者到了，电视台的小摄像师来了，在成百上千双欣羡眼睛的凝视下，植下的每一棵树都是一本活的教材。

如今，植物园里已经栽下40多棵树了，纪念树渐成“聚贤林”。每当师生们走到此处，每一棵树似乎都在诉说着一段不平凡的故事，启迪每一位学子要奋发努力。我们的设想就是，要营造一种让每一棵树、每一株花、每一面墙、每一方土都浸透着教育的学校环境。

今日反思

植树纪念很有意义，但选择确定谁来植树却是很不简单的事情。

最为重要的是，不可通过植树，让学生和校友们产生等级高低的误解，更不要把校友分为贫富贵贱。一般来说，因为某件事而非某个人而植树，常常可以避免这样的效果。如校友们为他们毕业 20 年植一棵纪念树，或者毕业生为他们自己栽一片梦想林，或者自己的孩子也考入了自己的母校而两辈人共同栽一棵同心树，等等。

总之，无论是一棵树，还是一片林，都在真实地反映着“学校追求什么”的价值观，任何的统一性和标准化都会让植树本身的价值被窄化，要提供一个平台，让学生生长想法则是重要前提。我们欣慰的是，当学校里一位备受学生喜欢的教师因病去世后，孩子们自发地提出要种一棵纪念树，并把老师的姓氏嵌入其中，命名为“思方树”。不必锁定种树一定是面向哪个群体的，而是让校园里生长更多有故事的树、有故事的墙、有故事的石，那么整个校园就会传递温暖的情感。

榜样就在身边

家乡名家书画室与图书室

我们设想，将一中建成高密市教育、文化、科技中心，其中“家乡名家书画室”和“家乡名家图书室”既是中心的一部分，也是教育学生学习先贤、立志成才、造福乡亲的一块领地。

高密市历史悠久，有着很好的文化传统，上溯晏婴、郑玄，后到刘墉和张建中、莫言，他们的建树都对我国文化的发展产生了一定影响。我们请特长教研室的老师进行了专题研究，收集了历朝历代（特别是现代的）高密籍文化名家的书画作品和代表性著作，布置成了120平方米的“家乡名家书画室”和80平方米的“家乡名家图书室”。这两个室的建立，就像把众多的活生生的名人请进了校园，学生们走进两室受到的鼓舞自与其他方式不同。这些名人有的是在校学生的前辈，有的就是他们的邻居，他们在走走看看的过程中，常为养育自己的这片土地而自豪，并萌发了热爱家乡之情，产生了强烈的进取之心。

榜样就在身边，楷模就在眼前，曾经在同一块黑土地上耕耘，曾经同饮一条河的水，一切都不神秘，一切都那么现实。这样的激励作用是其他的教育形式无法替代的。

今日反思

如果榜样就在身边，对学生的教育效果就会大不一样。学校博物馆要尽可能多地收集校友们的各类物品，包括书画、书籍和其他作品，给学生以感性的冲击，尤其要注意收集毕业不久的校友们在自己工作岗位上的业绩，这更有影响力。

发挥榜样的作用今天看来包含两个层面，一层是让那些看似离我们很远的“杰出校友”“成功人士”走近身边，让学生感受到他们其实也是普通人，他们今天的成功也是每一步脚踏实地的勤奋与遵循内心的选择造就的；另一层则是在校的学生，及时把同伴中的学习生活好方法、自我管理好策略等进行及时传播，同样也能起到身边榜样的“最近发展区”效应。不能全校统一地学习一个标兵、一个模范，而是要创造多元的、可及的榜样让不同的学生找到情感共鸣点。

变隐性课程为显性课程

“校园十道题”

创造良好的校园环境，叫花草开口，让墙壁说话，确是对学生进行潜移默化的教育，教育工作者把这种教育称为隐性课程。这种隐性的教育如何变被动为主动，变隐性为显性，我们的“校园十道题”，在这里产生了一定的效果。

“校园十道题”是高一年级的必修内容，每个学生都必须在规定的时间内，按照特定的方式，独立完成，并记入学分档案。

题目大都来自校园本身，如学校植物园是一道题，要求学生评价总体设计优劣，识别其中100种花卉植物并分析科类特性及价值；校史展廊是一道题，要求学生不仅要熟悉校史，而且要写出《一中的昨天与今天》的研究报告；学校管理机构、教学机构、服务机构的运行状况也是道题，让学生在调查研究的基础上，不仅了解学校这架机器的“连杆、曲轴、螺丝钉”，而且还要弄清楚运转过程的几个关键环节。隐性的东西一旦出现显性的内容，就会引发学生若干思考，尤其重要的是可以养成学生思考身边事、研究身边人的习惯。不搞社会调查，胜似社会调查。

附：“校园十道题”

1. 校园建筑分布及绿化、美化状况总体报告
2. 植物园的设计评价和认识100种花卉植物
3. 观看校史展廊，总结过去，展望未来

4. 学生食堂服务质量和卫生状况调查

5. 学校行政机构设置及分支机构功能调查

6. 总务处工作范围及运转情况调查

7. 教导处工作范围及运转情况调查

8. 德育工作处工作范围及运转情况调查

9. 教科所科研课题研究状况调查

10. 学校在社会上的地位和声望调查

今日反思

现在，十一学校的职业考察和游学活动里也有类似“校园十道题”的课程。

社会是由一个个小组织构成的，要想深入而真切地了解并理解社会，走马观花、浮光掠影是不够的，必须有计划地对一些有代表性的组织、机构进行深入解剖。比如，进入一家化工厂，研究其生产过程和经营战略，弄清其与环境保护、社会发展的关系；蹲在一家酒店，弄清其客户中心的运行机理；当几天咖啡馆的经理助理，拨开温馨的纱帐，琢磨背后的酸甜苦辣。这样的深度解剖往往可以给学生强烈的刺激，帮助他们举一反三。

当然，“校园十道题”还给我们一个有意思的启发，就是校园里的每一项工作其实都可以公开，成为教育的内容——学校食堂的服务质量、总务处工作的为难纠结、学校运行体系的不断完善，等等。当我们把学校工作展开的过程也纳入育人体系时，你就会发现学校里的关系变得越来越真实，人与人之间能够更好地沟通与理解，而这些本身就是对学生最重要的教育。

塑造学生的爱心

校园鸽子群

平静的校园里一群鸽子在飞来飞去，好奇心重的学生抚摸着精巧、漂亮的鸽笼，望着一只只洁白、可爱的小生灵，脸上展现出恬静的笑容。

校园鸽子群旨在培养学生爱鸟护鸟的意识，同时将这种意识潜移默化为一种对社会、对他人的赤诚爱心。鸽子群由生物兴趣小组专门组成喂养小分队，轮流饲养和管理鸽笼卫生。鸽子生了病或者受了伤，喂养小分队的队员也要负责给它们治病疗伤。

喂养鸽子似乎很简单，但实际操作起来可就不那么顺利了。鸽子爱吃什么食物？每天喂几次水？鸽子病了怎么办？这对初次接触鸽子的学生都是新问题。学校除给他们安排一位教生物的指导教师外，还向他们提供了一批养鸽的书籍。学生们对养鸽投入了极大的热情，每天比其他同学提早 20 分钟到校，清除鸽房里的粪便，为它们添上鸽食，给水槽注满清水。他们像慈祥的爸爸妈妈，悉心呵护着这群可爱的小家伙。

小小的鸽子对学生的影响是明显的，原先上课经常迟到的李力当上养鸽员后再也没有迟到过，经常与同学闹红脸的王勇也变得文雅起来。一些学生家长也反映自己的孩子在养鸽之后变得比过去懂事多了，以前从不知做家务的孩子开始体谅妈妈的艰辛……这些都是校园鸽子群的功劳。

今日反思

在那个物质匮乏、教育资源有限的时代，学校花心思建鸽笼，让小小的鸽子在伴随学生成长中产生了改变一部分学生的作用，在当时是一种很好的举措。在今天资源丰富的时代里，我们再看“校园鸽子群”的意义，则可以延展为高年级学生通过带一个大部分由低年级的学弟学妹组成的社团，这样可以起到类似的效用，在一个需要自己付出关爱的群体里，人们的责任感会油然而生。

让学生主动去做的诀窍

把“要求”转化为“需要”

我们一定还记得《汤姆·索亚历险记》中汤姆与波莉姨妈的故事：波莉姨妈惩罚汤姆刷墙，汤姆在刷墙时假装做得非常愉快，结果令他的小伙伴感到很新奇，争着替他干完了活儿。

汤姆用很巧妙的办法让小伙伴很高兴地做了本来又脏又累的活，自己也轻松地摆脱了惩罚。其成功之处就是将自己的要求（希望小伙伴帮他干活）转化为小伙伴的需要（愿意尝试一下刷墙的感觉），从而调动起小伙伴的主动性。其实，好好想一想，一名教育者的责任，不就是想方设法引导学生达到一定的教育目标或要求吗？汤姆的成功之处不正是我们广大教育工作者所期望的吗？

美国的奥佛史屈在《影响人类的行为》一书中说：“行动出自我们基本上的渴望……而我所能给予劝导他人的人——不论是在商业界、家庭中、学校里、政治上——最好的一个忠告是：首先，撩起对方的急切欲望，能够掌握这一点的人，就可以掌握世界。”“撩起对方的急切欲望”就是让对方形成一种需要。学生有许多方面的需要，而我们要做的就是将我们的要求与学生的需要联系起来。当向学生传达某项任务，或要求学生形成某种品质时，要首先让他们意识到完成这项任务对他们很有意义，形成那种品质会对他们一生有帮助。这样学生便会将你的要求转变为自身的需要，调动起他们的积极性，主动地按照你所期望的那样去做。所以，教育者不妨学一学聪明的汤姆，激发起学生主动去做的欲望，这样你就不会再为学生们不配合你或消极地应付你而烦恼了。

今日反思

一般说来，需要产生于自主确立的目标。在今天的校园里，校方之所以需要给学生设置过多的要求，就是因为每一位学生的目标不清晰，或者说，他们没有自主确定目标的机会。

即使今天的课堂教学，真正能让学生明白每堂课学习目标的也并不多见，甚至老师对教学目标也不十分清晰。在这样的课堂上学生当然没有自己的需要，所作所为不过是为了完成教师的任务罢了。

因而，如果在大处帮助每一位学生理清自我成长的目标，在小处与学生共同明确每堂课的学习目标，那么要求就自然可以转化为需要。

做学生真正的导师

改班主任制为辅导员制

“现在的孩子既聪明又成熟”，这已经是人们的共识，这也是教育的一大成功。但它同时也给老师提出了改进班级管理方式的要求，特别是学生升入高中后，其知识水平和认知能力都有了较大提高，自我教育和自我完善意识都增强了，他们有自己的想法和处事准则。如果我们还像以前那样让学生围着班主任的指挥棒去转，势必会压抑他们的思想，引起学生的反感，产生负效应。这就要求我们敢于放手，做学生真正的导师，不做学生的保姆，引导学生自己管理自己。改班主任制为辅导员制即是我们顺应这一现实所进行的教育管理改革。

辅导员和班主任有根本的区别。班主任靠管理学生来管理班级，辅导员是学生的顾问、朋友，他靠引导学生，让学生自己管理自己，进而管好班级来达到其目的。班主任管理下的班级学生自由度小，辅导员辅导下的班级学生自由度大。班主任管理下的班级内外事务以班主任管理为主，辅导员辅导下的班级内外事务以学生管理为主，等等。辅导员不再是班级的最高领导，班级工作的最终决定权也不再是老师。

这一改革，还学生以独立分析问题、解决问题的自由，他们有了处事的主动权，工作起来才会有劲头，创造性才会被激发。同时，这些实践也锻炼了他们的才能，丰富了他们的人生营养，为他们将来走上社会打下了坚实的基础。

今日反思

20 年前在高密一中设置的辅导员岗位，是班主任聘任中的最高级别，这是我们对班主任工作水平的最高奖赏。很遗憾，由于诸多原因，特别是行政班管理体制的局限，这项改革并没有收到预期的效果。因为在行政班管理体系下，由于学校对班级的评价标准和方式没有相应的改变，班主任自然会“守着”自己的学生，他们在一个并非选择而形成的集体里“统一思想”，为集体荣誉而战，因此就会形成“班级割据”，导致处于高位的指向人生导航的辅导员无法“干涉内政”，实现初衷。

在今天的十一学校里，行政班和行政力量的淡出，让每一位老师自然变为辅导员的角色。平等的师生关系，使学生可以大胆地表露自己，老师很容易发现真实的学生，对学生的引导也变得自然而有针对性，效果也容易实现。

调整师生关系，重要的是学校组织结构和教学组织形式的改变。

让学生成为学校的管理者

学生校长助理制

在班级管理中，“学生班长轮流制”“学生班主任制”的实施使我们认识到在班级管理中放权给学生的重要性。学生做了班级的主人，有了主动权和发言权，对班级的责任感、使命感和集体荣誉感就被激发起来，他们会主动地关心他人，关心班级，把班级工作搞好。

同样，在学校管理中，我们落实了学生的主人翁地位，实行“学生校长助理制”，让学生参与学校管理。这有力地激发了学生“校荣我荣，校衰我耻”的爱校意识和主人翁责任感、使命感，使他们积极地支持和参与学校的改革。

学生校长助理不是虚设，他有职有权：学生助理享受校长助理津贴，有专门的办公场所。校长助理的职责主要有四个：① 作为沟通校长和学生的桥梁，上情下达和下情上报；② 作为全校学生代表，也作为校长的参谋，进入学校的最高决策层，为校长出谋划策；③ 校长外出时，有权与其他助理代理校长所辖的一般性事务；④ 有权对校长的意见提出质疑，校长要尊重他们的意见，并给予令人满意的答复。

学生校长助理由全校师生共同评选出德、智、体、美、劳等全面发展，并具有较高能力和威信的高二或高三学生，报校长办公会审议确定，其任期为一年。

今日反思

在中学阶段固定某一位或某几位学生较长时间担任校长助理容易产生负面影响。一是对学生的影响。由于他们过分看重这样一个“位子”，精力过度放在“责权”上，学业方面往往会影响较大，因而在一段时间里学习成绩下滑几乎不可避免，家长为此容易焦虑。二是容易产生特权思想。由于他们的世界观尚未完全成熟，过分放大他们的权力，时间一长，容易使他们脱离群众，甚至高高在上；更有甚者，能上不能下，只会当干部不会当群众。

在今日的十一学校里，每年大概有几十位学生在某一个活动中担任校长助理，如来宾接待、大型活动致辞等，目的是让他们体验一把做校长的感受，为校长分担一份责任。活动一旦结束，校长助理的头衔就自动注销。当然，学校会为他们印一盒名片使用且留作纪念。

当我们看重结果的时候，就容易偏离教育的初衷；当我们是在为学生设计经历的时候，经历这个过程就成了学生最大的收获。

联系学生的纽带

小记者招待会

信息反馈这一环节在管理工作中为调节正常运行起着至关重要的作用，信息渠道畅通不畅通，反馈内容准确不准确，调节工作及时不及时，直接影响着工作运行的质量。在学校工作中，我们开展了“小记者招待会”活动，对疏通师生关系，增进相互理解，调节工作运行，起到了很好的作用。招待会的小记者们来自学生电视台、校报和学生记者团三方面，方式分定时举办和定专题举办两种。定时举办即每月五日，由分管校长牵头，各中层部门负责人参加，在学校报告厅举行，小记者们可以在比较广泛的范围内与老师们交流；定专题举办则是就学校当前学生普遍比较关心的某一件大事或学生反映比较强烈的某一个问题举行招待会，举办者一般是学校负责这一项工作的一个部门或几个部门的负责人。

招待会约法三章：① 会上拍板定论的，必须定出落实时间与落实方案，由记者团通报全校，并监督执行；② 会上认为不能当场拍板需要进一步论证研究的，需定出日程，且必须在规定时间里将结果以一定形式通报记者团；③ 记者团采取三方联席会议制度，对招待会的报道必须客观真实，且三方一致，对一些有争议的问题需经招待会召集人议定，不得随意报道，更不允许各吹各的号，各唱各的调。

小记者招待会成了联系学校和学生的桥梁和纽带。

今日反思

网络背景下信息传递方式灵活多样，尽管无须很多记者招待会，但仍有必要进一步完善这一形式。

首先，我们应该把这一活动作为一个课程来设计，让喜欢媒体的学生增加见识，学会参与。既学会提问，又学会倾听，特别是以平和的态度提出锐利问题的能力，在招待会上“真枪实弹”的行动是绝好的锻造机会。

其次，记者招待会的互动性是任何形式无法比拟的，特别是校园里一些事关学生利益、相对比较复杂的事情，采取面对面深度沟通，各方代表充分表达的方式，容易消除误解，形成共识。

最后，小记者招待会，在今天看来，另一个启示在于如何设计过程，真正放大“经历”的教育性。招待会的“约法三章”就很好地体现了这一点，有规则、有操作议程、有方法步骤。这一方面是为记者招待会的质量提供了保证，另一方面也给了学生举办好招待会一个可行的脚手架，顺着这个脚手架搭建的步骤，学生就可以从招待会中收获体验。

重视教育的每一个细节

“老师提醒你”提示牌

在学校的门口，我们挂出了一块“老师提醒你”的小黑板，由团委老师每天早上在上面写一句话。比如，“今天是母亲节，别忘了向妈妈祝贺节日快乐”“今天有雪，谨防路滑”“昂起头来，生活是光明的”，等等。

“老师提醒你”提示牌内容涉及学生生活、学习的几乎所有方面，每天风雨无阻，成为对学生进行教育的一个窗口。由于提示牌与学生当天生活、学习的内容或背景密切相关，学生可以将提示牌上的话立即转化为行动。提示牌上老师默默的关心和爱护，使学生在进入校门的第一刻就能感受到。平凡的话语所蕴含的教育力量是泛泛空洞的说教所不能企及的。

有一年母亲节，我们提示牌上写了一句话：“今天请你回家帮母亲做一件实事。”第二天便接到好多学生家长的电话，说学生忽然变得勤快起来了，对学校的教育引导表示感谢。可见重视教育的每一个细节是多么重要。提示牌上看似简单的一句话，却可以触动众多学生的心灵，收到意想不到的效果。所以，教育的潜力是无穷尽的，只要善于发现、挖掘和创造，有时一个微不足道的举措却可以产生很大的教育效应。

今日反思

全校性的每日提醒尽管效率高、易操作，但缺乏针对性，有些耳提面命的感觉，时间长了，有些学生可能会产生厌倦心态。尤其在今天，这样的“温馨提示”有时还会起到逆反的效果。

应该把育人的主动权放给每一位老师。在学校总的育人目标和课程规划下，老师们如果充分发挥自己的主动性、创造性，就可以产生无穷的教育智慧。管理者可以及时地发现、点赞、传播，打造老师们分享智慧的平台。激励老师们创造性地工作，才是学校管理者工作的重心。

与此同时，相比提醒、提示，平等而真实的师生关系则是更为重要的前提。

养成好习惯，铸造责任心

卫生到岗制

习惯，是一个人长时期逐渐养成的、一时不容易改变的行为。而习惯的养成，则是通过强制性的训练达到的，这就要在学校管理中强化约束，长期坚持、常抓不懈。

我们决定改学生卫生值日制为学生卫生到岗制，主要是从强化学生卫生习惯的角度考虑的。值日生制，为学生确定了某一天的职责，在这一天中他会尽心尽力，以求这一天能够过关。值日这一天一过，则万事大吉，事不关己，高高挂起，本来可以锻炼学生的责任心和卫生习惯的事，却变成了任务观念，一时应付了之。卫生到岗制，要求每个学生有自己的责任区，或承包一扇门、一个窗，或负责黑板讲桌，或负责一片花圃、一方鱼池，每日早饭后 20 分钟，即是卫生到岗时间，全体学生分别到自己的责任区整理、打扫、清洁。月月如此，天天如此，责任人不再等、靠、推，而是脚踏实地地做好自己的分内事。这样，时间一长，什么时间该到什么地方去，在什么地方该做什么事，做什么事该达到什么标准，就逐渐地形成了习惯。

一个好的行为的长期坚持，就形成了良好的习惯，众多人的良好的习惯共同创造了一个美好的氛围和协调的生活空间。这种美好环境的营造，是从我们注重学生一个个良好习惯的养成开始的。

今日反思

想起一个发生在十一学校里的故事：高三毕业的那个暑假，许多教室一下子成了“空巢”，完成高考后的学生选择了各种放松的方式，可在一间语文教室里，老师们惊喜地发现，一位女同学依然天天走进教室给植物浇水，有时候遇到刮风下雨，也赶来挪动那些花盆。呵护花草成了这个女同学的生活习惯。

虽然良好的习惯是靠训练可以养成的，但如果不知道这样的习惯会给自己未来的人生带来什么，那么这样的习惯训练还是机械的，甚至只是再次进入家长、老师“为你好”的被动之中。只有当学生知道做好自主规划、进行时间管理对积极人生的重要意义并且在学校生活中体会到了习惯的益处时，我们所期待的“责任感”才会油然而生。

当然，在一个组织里，“事事有人管，人人都管事”是一个说起来简单、做起来不易的事情。目前的学校公共区域大都由专业的保洁人员负责，但教室、宿舍内部都应该由学生自己承担清理工作，目的是通过这样的习惯养成，铸造一份责任心。

弘扬拾金不昧的美德

失物招领处

拾金不昧是中华民族的传统美德，它体现了一种纯洁无私、急人所急的高尚情操。

校园里经常有学生捡到他人遗失的钱物，一般先上交到班主任手中，然后班主任上报到学校，通过校园广播或者早操、课间操学生集合的时候向全体学生宣布寻找失主。过程烦琐，效率又低。为简化寻找失主的过程，以弘扬拾金不昧的美德，学校德育工作处设立了失物招领处。失物招领处由老师或学生值班，一旦有人将遗失的钱或物交到招领处，招领处立即在每座教学楼前的宣传栏专门留出的位置写上招领启事。招领启事除公布遗失物品的名称外，还要特别注明将遗失钱物送到招领处的学生或老师的姓名、班级或科室，并号召大家向拾金不昧者学习。学校每年的德育年会也要对拾金不昧先进个人进行表彰。

设立失物招领处后，学生或校内其他人员遗失的东西，在当天甚至几个小时内就可以完璧归赵。同时，由于学生的广泛参与加强了宣传鼓励的效果，拾金不昧的美德在学校得到了发扬，拾物归还失主成为师生的自觉行为。

今日反思

设一个失物招领处容易，帮助学生形成不丢东西的习惯很难。

目前，我们正在研究学生的失物规律，什么时间、哪个年级、什么样的学生，在哪个地方丢的都是什么东西。弄清规律，我们在帮助学生形成好的习惯方面就能有的放矢。能够一对一地帮助学生改变一种自我管理的方式，才可能减轻失物招领处的工作量。

当然，今天的失物招领处已经实现线上线下结合，他们把失物图片发到网上，效率大大提高。

教学生养成节俭的习惯

废纸收购站

随着物质生活的提高，艰苦朴素、勤俭节约等传统美德开始在一些学生心目中淡化。纸张是学生使用最多的东西，每个学生在一天中都要“生产”至少几张废纸。这些废纸有的被随意丢弃在教室或校园里，影响了校园文明的环境。有些觉悟高的学生虽然把废纸收集到一起送到垃圾箱，却也白白浪费了本可以回收利用的材料。

为此，学校团委组织学生团员学习了一些有关我国能源开发和利用的资料，使他们看到了我国能源短缺和被大量消耗、浪费的现状。节约能源、保护能源的观念在学生中树立起来。一个班级的团支部率先办起了“废纸收购站”，把同学们每天用完的纸张收集起来，积累到一定数量后便送到废品回收站。接着，许多班级纷纷效仿，很快几乎所有班级都办起了“废纸收购站”。看到时机已经成熟，校团委又成立了“废纸收购总站”，每周安排志愿者到各班级收购废纸，并规定卖废纸的收入归各班团支部自由支配使用。

“废纸收购站”解决了废纸乱扔的问题，也使学生体会到了节约的价值，他们的节俭习惯开始形成。

今日反思

现在的十一校园里活跃着多个环境保护社团，尤以推动垃圾分类的绿色组织惹人注目，因为，这样的事情事关人人。特别是因为所处的时代不同，有些老师们尚不具备这种意识，于是他们经常成为学生“教育”的对象。

一个社会不可能不产生垃圾，对垃圾的循环利用则是一项建设性的工作。学校不仅要在各种垃圾箱的配备上方便垃圾分类，更要鼓励师生养成良好的习惯，形成绿色环保的教育氛围。

当年的废纸收购站与今日的环保社团之间最大的不同点在于，前者依然带有自上而下的痕迹，教师显性教育的痕迹太重；而后者则是完全由学生自发的，他们从自身的旨趣出发，在这一方面的知识了解和文化理解甚至可以被称为专家，连老师都是不可及的。由他们组建的环保社团自然就可以体现专业性，于是学校里能者为师的环境氛围也就这样形成了。

变不利因素为有利因素

巧用“异性效应”

青春期的男女学生情窦初开，友情失之分寸，极易演变成恋情，因而，在男女生关系的处理上，搞不好就容易产生许多影响学习的因素。

但是，心理学也告诉我们，男女同处往往可以产生对工作、学习、生活等各个方面起积极影响的“异性效应”，正确引导、健康发展下的“异性效应”会有许多积极的作用。在学校工作中，我们正确引导和利用“异性效应”，对促进学生身心健康发展和良好班集体建设起到了积极的作用。

1. 组建各种社团组织时注意男女生共同参加。许多没有经验的老师为了防止学生早恋，在活动中大搞男女设防，不料恰恰正应了“潘多拉效应”，结果事与愿违。事实上，男女学生共同参与某项活动或某个组织，可以促使他们发现和学习对方所具有的美好品质，通过微妙的异性吸引，增强组织的凝聚力，并能使每个成员拥有一定的情感依恋和良好的心理氛围。

2. 在男女生中开展学习竞赛活动。为了在异性同学面前呈现一个“完美”形象，男女同学会尽其所能，充分发挥自己的聪明才智和潜在能力，以引起异性同学的关注、尊重和肯定性评价，以此满足自己的社会心理需要。

3. 互相监督。男女学生在一起会有一种无形的内在约束力，双方都觉得应该注意自己的言行，从而有意识地约束、控制自己的不恰当、不完美的行为。比如，我们针对有的班两操质量男生存在问题的现状，选配女体育委员加以管理，男女生宿舍卫生则由双方互换检查，效果十分显著。

4.净化思想。男女生在一起正常交流、交往，通过一定的、健康积极的活动，能使各自的思想情操得到陶冶和净化。我们经常组织一些男女学生共同参加座谈会、读书报告会、艺术欣赏活动，这些活动提高了学生的品位。

今日反思

试图“巧用”异性效用，根本上说还是因为我们教育者对青春期男女关系高度紧张带来的教育技巧。如果把校园看作一个常态的社会，把男女关系视作人类活动之必需的一般关系，校园里就会轻松、和谐许多。

让我们心态平和的基础就是要承认青春期的少男少女必然相互吸引，他们一定会产生好感，甚至产生相互之间的爱慕之情。换句话说，如果他们之间连爱慕之情都没有，反而是很可怕的事情，说明他们生理或心理上存在问题。

有了这样的心态，还要有发现、关注、介入和处理男女生交往的方法、策略。什么情况下为常态，可以只关注不介入，什么情况下教师应该介入但无须家长介入，而且以什么样的方式介入，需要学生双方如何配合，对不配合的学生如何引导，等等，其中有着简单而又复杂的教育科学和教育艺术，这也不是所有老师都具备的。因而，分享一些有经验的老师的智慧，进行一些案例式培训，系统地学习相关理论，都是很有效的方法。

图书馆外的经营

“图书银行”

在人们普遍感到买书难、买书贵的状况下，我们尽管在图书馆建设上下了很大功夫，但是仍然难以满足学生的阅读渴求和各科教学的需要，受有些班级自发设立互助互惠图书箱的启发，我们在学校内部设立了“图书银行”。

“图书银行”按照存书自愿、取书自由的原则，将师生的个人藏书存入专门书库，按照图书的新旧程度重新作价，每学期付给10%的折旧费，凡来“图书银行”借阅图书的读者，只需交纳很少一点折旧租金即可大饱眼福。

设立“图书银行”必须注意几个事情。① 强调图书质量。存入图书，必须内容健康，对学生有良好的思想导向。② 可读性强。所有图书存入都要以是否符合学生阅读为前提，有些书尽管是名家名著，或经史子集，如不适合学生阅读，则不予收存。③ 加强管理，坚持服务宗旨。“图书银行”隶属图书馆管理，不以经济为管理手段，允许合理亏损，评价其工作的主要依据是为师生服务的质量。④ 避免图书重复。凡图书馆已有且能满足师生阅读需要的图书，“图书银行”不再收存出借，以减轻师生负担。⑤“图书银行”必须在学校图书馆全天候、全开架、面向全校师生借阅的情况下设立，防止图书馆冷清，“图书银行”热闹的现象，始终体现图书馆为主渠道、“图书银行”做补充的特点。

最后一点，也是我们开办“图书银行”收益最大的一点，就是这家“图书银行”全部是由我们的学生经营管理的，我们希望在这个经营管理中锻炼我们的学生。

今日反思

现在的十一学校，每个学科教室都配有相应的图书。除了图书馆之外，又在每座教学楼上各设立了一个大阅览室。图书的丰富和随手可及已经不是问题，最大的问题是如何帮助学生处理纸质图书的阅读和网络阅读的关系。

网络阅读的不成熟，尤其是碎片化现象人人皆知，但却并没有阻止青少年痴情网络阅读的热情。正确的做法不是禁止网络阅读，也不是一味地、简单地提倡阅读纸质图书，而是应该耐心地弄清当前他们网络阅读的现状，具有的优势、存在的短板，如何与他们一起研究完善的方式，弥补他们目前阅读中的缺陷。

目前，已经出现大量网络阅读 APP，是学校阅读教学的助手，老师可以通过在 APP 上建立阅读任务，形成阅读团队，邀约外部参与，利用激励评价措施，实现学校教育的目标。将学生从碎片化的网络浏览中接引到系统深度的阅读学习领域，不仅是解决眼下的问题，更为重要的是帮助他们形成新的学习习惯，惠及一生。

天天和学生见面

作业簿就是学生情况资料簿

目前，教师在教学中面临这样一种情况：只有班主任了解班级里学生的具体情况，而其他任课教师则很少能够熟悉每一位学生，有些老师甚至教了很长时间也叫不出所有学生的名字。

这种状况对教师因材施教以及对学生进行个性化教育都极为不利。目前，国家的教育状况是短时期难以改变的，一个教师要教两个班甚至几个班的现象普遍存在。每个教师面对着上百个学生甚至几百个学生，要想拿出时间专门了解每个学生的情况几乎是不可能的。难道就没有什么办法解决这个问题吗?

在骨干教师献策会上，我们提出了这个问题，向大家征询意见。教师们纷纷献计献策，最后大家的目光不约而同地投向他们每天都要批改的作业簿上。对，把学生的作业簿变成学生情况资料簿。在作业簿的封面上贴上学生的相片（复印的也可），右上角写上家庭住址、父母职业、受教育程度、个性特点和特长。作业簿的内容也来了一个不拘一格，学生在作业完成后，可以写一写对本章或本节内容学习的情况，以及对老师有什么意见和要求，思想上有什么问题也可以向老师提问。

这样，作业簿真的变成了学生情况资料簿。只要拿过作业簿，学生的形象便通过照片显现出来，学生在课堂上的表现教师便会立即回想起来。打开作业簿，学生学习上存在的问题和对老师的要求又可以一目了然。这样，第二天课堂上便有了讲课的主次和注意的对象。一本作业簿将教师与学生的关系紧密联系起来，一个不大的变动沟通了师生间的交流，解决了教育教学中的一个大难题。

今日反思

在十一学校，学生情况已经在网络平台上一目了然，而且随时发生的情况、历史上所有的信息，都毫无遗漏地汇总在一起，为不同的老师全面、及时地了解学生起到了重要的作用。

由于网络平台上汇总了全校甚至一定区域的数据，因而每位学生的学科学习、综合实践、各类活动的数据信息都可以在一个坐标系下分析，甚至入学以来的错题分析都可以在比较之中弄清是个人短板还是其他同学也存在的普遍性问题，教育教学的科学性、针对性大为增强。

用技术替代可重复进行的教师劳动，腾出更多时间和空间让老师学会从数据中读取信息，在面对面、个性化的指导中读懂学生，从学生每天的暴露中增强对学生学习行为的敏感度，这些都是今天教师走近学生的新创造。一个信息化时代的来临正在重构教师的教育教学技能，比会上课更重要的是能够真正懂学生。

让学生吃得科学

学生营养食谱

中小学生正处于身体成长发育的关键时期，保证充分合理的营养摄入是非常重要的。但许多学生并没有认识到这一点，加上部分学生从小养成偏食的习惯，营养摄入很不平衡，影响身体发育。校园里日渐增多的肥胖型和木柴型两极分化的学生便是明证。

学生食堂的饭菜品种及质量是决定学生是否能够吃好的前提。食堂的师傅们为此颇费了一番心思，为了降低饭菜的成本并保证蔬菜新鲜无公害，他们不辞劳苦到郊区信誉好的菜农那里直接购买。而且饭菜常变常新，吸引了几乎所有的学生到食堂就餐。但食堂师傅们并未满足，他们清楚，只做到让学生爱吃并不够，还必须讲究饭菜的营养结构，在饭菜的营养搭配上下功夫。他们设计了学生营养食谱，食谱按学生每日身体所需的蛋白质、脂肪、糖以及维生素、矿物质等的量决定一日三餐的饭菜品种。食谱每周更新一次，根据市场上的蔬菜品类设计一周的饭菜搭配。但无论饭菜花样如何变化，基本的宗旨不能变，就是饭菜必须符合营养科学的要求，要保证学生能够获得维持身体发育的营养成分。对在家吃饭的学生则每周发一份参考食谱，以供家长参考。

现在，一些家在学校附近的学生也开始走进学生食堂，看来营养食谱的魅力是蛮大的。

今日反思

与20年前不同的是，营养过剩、偏食成为目前青少年的严重问题。处理这样的问题并没有特别有效的方法，必须与家长合力影响学生的习惯。譬如，不喜欢吃早餐大都与起床太晚有关，起床太晚又大都与晚睡相关。一旦不用早餐，上午的零食就成为必需，而零食的含糖量一般严重超标。还有些体重严重超标的学生，需要调整饮食结构。如果不去仔细统计他们一定时间内摄入不同类食品的比例，他们就永远不会承认吃肉过多。在内心，他们一直认为自己控制严格，受了不少委屈。将不同生活习惯的学生进行分类管理，对每一种类型的学生都制订科学、有效的改进措施，长期坚持，才会收到一定效果。

第七辑

让学生在活动中经受道德磨炼

看学生的周记，偶然发现了一篇《让座后的目光》。这位学生写了自己在返校的公交车上，给一位抱孩子且身体有残疾的妇女让座的故事，这位学生在日记中写道："这是我第一次给别人让座，尽管从小学开始老师就教我们助人为乐，但直到今天才真正理解了助人为乐的真义。因为当我站起来的时候，我明显地感受到了满车赞许和钦佩的目光，甚至我感受到了身后目光的灼热……"

日记给了我很深的启发。在人的品格形成过程中，知、情、意、行各个环节是不能互相替代的，情感体验是品格形成的重要前提，我们过去的教育希望通过说教让学生明其理，进而一步到位达到形成意志品格的目的是难以实现的。

于是，我们在教育活动中，尽可能多地创造条件、提供机会，让学生补上情感体验这一课，我们叫作开发情感工程，这样一来，也确实出现了许多让人深思的事情。

在历史教研室李老师任课的班上有一个叫范培亮的学生，有一天听说李老师上小学二年级的孩子在放学路上被倒地的广告牌砸得小腿骨折，于是，他给李老师写了这样一封信：

李老师：您好！

听到您的孩子不幸骨折的消息，作为您的学生，我深感同情，因为我也有过类似的经历，所以，我想把自己亲身经历的经验或教训写给您，或许对您有那么一点儿帮助……

看了这封富有感情的信后，我找到了这位写信的学生，我想知道当时是什么心理驱使他写了这样一封信。

范培亮显得很兴奋，他告诉我，他们班正在实施一项叫作"体验'关心他人的幸福'"的工程，是全班同学共同发起的，他也是发起人之一，可是事情已经开始两个月了，他一直在寻找关心他人的机会。两个月来，由于"关心"不了别人，他似乎一直处在一种不安之中。听说老师孩子骨折的事，给老师写了这样一封信，又到了他原来治病的医生那里要来一些小处方，他这才突然感到了“关心他人的幸福”是个什么滋味。

好个“关心他人的幸福”的滋味，这样的滋味体验多了，不就锻造出臻于成熟的好品格了吗？

培养学生的社会责任感

成人仪式前的十件实事

每年国庆节前，我校就有部分年满 18 周岁的学生到烈士陵园的人民英雄纪念碑前举行隆重的成人仪式。成人仪式上，学生们庄严宣誓——“捍卫神圣宪法，维护法律尊严。履行公民权利，承担社会义务……”，激昂的誓言代表着一个新的人生阶段的开始，从此他们将踏入成年人的行列，肩负起国家、社会、家庭赋予的职责。

成人仪式的意义是重大的，对学生的震撼也很大。但作为一个成年人，要担负起一定的社会责任，要有一定的社会责任感，这一点只有在实际行动中才能真正体会到。

为了使学生体验成人应当承担的责任和义务，我们对所有即将跨入 18 岁的学生提出要求：在成人仪式前要做十件帮助别人的有意义的事。帮助的对象可以来自社会的各个层面，要让被帮助者感受到社会给予他们的温暖和无私援助。

我们经常呼吁要培养和增强学生的社会责任感，但如何培养，怎么增强？说教千言，不如实事一件。成人仪式前的十件实事让学生们深切地体会到社会责任对他们的意义。许多学生在总结成人仪式前所做的十件实事时深有感触，他们认识到社会需要他们去做的很多，体会到父母、老师为他们成长所付出的心血艰辛，一种为社会为他人做奉献的情感油然而生。走向成年人之前的十件事让学生明白了自己肩负的社会责任，使他们心中升腾起勤奋成才、回报社会的美好愿望。

今日反思

一个孩子不是因为一个成人礼的日子而改变，缺少准备的成人礼效果不佳，尽管每一个孩子都在用18年的时间做准备，但经过设计和规划的准备终归还是更有效益。

成人礼一般在每年的12月举行，9月份便启动准备工作。看上去是一个师生策划团队在策划那一天的仪式，实际上是开启了每一位学生迈向成人之门的旅程。一般来说，可把这一段准备时间分为三段。第一段为明确标准阶段。也就是说，要明确一个成年人的标志有哪些。第二段为对照标准自我反思、自我省察阶段。在这个阶段要弄清自己与成人标准的差距。第三段则是自我改进、自我完善阶段。做了这样的准备再参加成人礼，效果就完全不一样了。

当然，举行正式成人礼时也需要明确目标，在十一学校里，由学生主创策划的成人礼虽然每年的创意各有不同，但目标始终围绕“责任与感恩”来展开，为此，我们会在创新的形式中固定几个关键要素，比如，跨入成人门和接受拍肩礼，让学生体会肩上的责任；比如，打开家长的来信，用阅读家书的方式回顾18年来家人的付出，激发感恩之情。无论怎样的活动设计，都要明确目标，提取要素，形成流程，并在此基础上开拓空间，生长创意，这是非常重要的。

培养学生的角色意识

中学生自我锻造工程

中学生的角色意识得到更好的培养要靠期待，包括学校的、家庭的、社会的期待。其中，学校里教师对学生的期待最为重要。它暗示着每个学生认识到自己在学校或班级这个群体中充当什么角色，并为完成好这一角色去做一系列的努力。“皮格马利翁效应”告诉我们，教师对学生的期待就是一种信任、一种鼓励、一种爱，日积月累后，学生会被感动，对教师会更加信赖，也就会付出更多努力，做出更大成绩。我们学校的“中学生自我锻造工程”顺利有效地实施，充分证明了这一点。

“中学生自我锻造系列工程”共包括 10 项活动。

① 队列广播体操比赛。

② 普通话比赛。

③ 优秀作业展评。

④ 校内报刊优秀文章评选。

⑤ 纪念“一二 · 九”运动歌咏比赛。

⑥ 中学生文化艺术节。

⑦“五四”演讲比赛。

⑧ 乒乓球比赛。

⑨ 校园歌曲“卡拉 OK”大奖赛。

⑩“十佳”中学生评选。

制订这套实施方案，是着眼于培养有学识、有能力的高层次人才，期待学生把握好锻炼机会，积极参与，认真组织，使自己各方面的能力不断完善和提高。

该工程根据学校正常教育教学计划，利用课余时间，有组织、有计划地在广大学生中展开。各项活动以班级为单位，先进行周密的筹划，提出可行性报告，向招标单位投标，招标单位经认真研究后，确定、公布中标班级，然后由中标班级承办该项活动。

期待在这里起到巨大作用，老师相信学生有能力做好。事实也充分证明了这一点。系列工程启动至今，已有八个班级承包完成了所有项目，进行之顺利，组织之出色，超出老师们的想象。

举办各项活动，不仅丰富了第二课堂，更重要的是增强了学生的角色意识，他们的领导、组织能力得到了锻炼，相互间的团结协作精神进一步提高了。我们完全可以想象，将来的工作，学生们会做得更好。

今日反思

由学生全权、全责承办一项活动，对培养他们系统思考的谋划能力很有帮助，而更大的帮助则是培养他们的责任意识。

责任感缺失的责任不在孩子，而在家长和学校都过多地对孩子的事情包办代替，抢占了孩子的权力，填充了本该属于孩子的空间，于是，也把本该孩子承担的责任拿来由自己承担。责任、权力和利益，如果形成一个三角形的话，应三者等边分配，任何一条边出现过长过短，必然影响其他。因而，学校里的任何一项活动、任何一件事情，都不是为了活动本身和事情本身，而是赋予教育的内涵，把学生当成了一个独立的个体，给他们空间，给他们权力，最后才会出现那个我们理想中的有责任感的孩子。

将良好行为习惯转化为道德品质

强化习惯与内化品格

在美国电影《全金属外壳》中，一批海军陆战队员经过近乎严酷的训练，终于成为意志坚强、无坚不摧的钢铁战士。在学校教育中，我们也经常通过制定严格的管理制度，强化学生形成良好的行为习惯。

但一般来说，学生形成某种良好的行为习惯，并不标志着这种行为习惯已转变成稳定的心理品质，特别是在德育过程中的道德行为习惯的培养更是如此。一个学生慑于严厉的纪律约束而不再骂人、打架，但当纪律无法约束他的时候，便可能故态复萌，已经形成的好习惯立即消失。所以，我们可以制定规章制度，使学生的行为变得符合一定的社会道德标准，但要将这种符合道德标准的行为长久稳定和维持下来，使之成为一种道德行为习惯，还必须经过一个品格内化的过程。

我国古代思想家早就提出“无为而治”和“不治而治”的思想。其实，学校管理的最高和最终目的何尝不是如此呢？强化习惯不是目的，而是一种手段，让习惯成为个人的需要和主动行为才是终极目的。品格内化便是达到终极目标的途径。这就启发我们在要求学生服从管理时，要先向学生说明管理措施对他们的意义和所要达到的目的，让学生通过教师教育、内部讨论或阅读思考等形式加深对道德规范的理解、认识，最终才能将学校的德育要求由稳固的道德行为习惯内化为个人的道德品质。任何稳定的心理品质的形成都要遵循这一过程。

所以，教育学生形成良好的品德，强化固不可少，内化更显重要。

今日反思

一所学校不可事事通过纪律来管理学生，更多的要靠规则。

规则之所以容易受到学生的认可，就是因为它往往来自学生的认同。在某些问题上，由于共同的目标，为了创设一个良好的环境，大家共同拟定，为了什么，追求什么，如何做、不这样做可能的后果，大家都心知肚明。还有一个原因就是，规则比较明显地带有利他和利己的平衡，尽管从根本上说，纪律也有着同样的特征，但不够彰显，短时间里也不易理解。

因而，将校园里许多纪律进行省察，尽可能转化为师生共同遵守的规则，对形成学生的习惯，并转为道德品质可能更有意义。

化干戈为玉帛

道歉日、致歉卡与饶恕周

在缤纷复杂的校园生活中，师生或学生之间发生摩擦是经常的，尤其是年轻好动的学生们由于违纪或因为老师掌握事实不全面、批评不恰当而产生对立情绪，处理不好就会使老师对学生产生成见，而学生也会受到压抑处于顶牛状态，从而影响学生的健康成长。

为了做到师生相互理解、相互尊重、形成团结友好的氛围，消除学生因犯错误而形成的自卑感、失落感以及逆反心理，实行以心换心的教育，学校将每周五定为道歉日，师生可将一周来的过失进行反省，并通过个别友好交流或通过饱蘸情感的笔书写致歉卡的方式谈自己的感想，化消极情绪为积极情感；学校还将每月的第一周定为饶恕周，本周内发现学生有违纪行为不进行批评，而是进行冷处理，使违纪学生体会到老师和领导的宽宏大度，并增强学生的自律意识。

例如，高一有名学生因迟到五分钟，受到班主任当众批评，他表现得很不服气，把书包往桌子上一摔，整节课都没上好。班主任见他气冲冲的样子，没有学生发火我更火，而是没再批评他。结果第二天这名学生便将致歉卡送到了班主任办公桌上，上面写道："昨天早晨妈妈心脏病复发，爸爸又出差了，我借三轮车把她送到医院后自己跑来了……昨天我在班上摔了书包，叫老师下不了台，真有点儿后悔，请老师不要生气！"班主任知道他受了委屈，主动到医院看了他的母亲，并承认自己了解情况不全面。学生见老师这样热心、诚心，感动得流下了热泪。

人有一时过错，马有失蹄时，学生犯错误是难免的，通过道歉日、致歉卡和饶恕周，待到双方冷静时再解释处理，多检查自己的不足，少指责对方，从而为调解矛盾创造了和谐气氛。在此基础上解决问题，往往会“化干戈为玉帛”，使双方都感到满意。

今日反思

道歉的文化首先建立在平等、相互尊重的校园氛围中，因而单纯的设立一个节日，或规定一个致歉的时间，可以部分地解决一些问题，却很难从根本上奏效。

在目前的十一学校里，只有每年的 10 月 12 日为学校的道歉日，但致歉却发生在每时每刻的工作和生活中，因为无论是学校的治理结构，还是教学组织形式，都没有给权力太多的面子，任何权力都被关在笼子里，都直面监督和约束。尤其是在师生关系方面，行政力量的淡出，让学生拥有了自己的空间和权力，在师生交往中，以理服人、平等对话就成为常态，这个时候的致歉就自在其中了。

需要指出的是，道歉文化的形成，必须从教师开始做起，以影响学生，而学校领导的以身作则尤其重要。

让学生进入角色

“模拟法庭”活动

每当“开庭”之前，“辩护律师”“原告”“被告”都在进行紧张的准备，有的到图书馆查阅资料，有的找有关教师进行咨询……

原来，这是在法律选修课学习一个阶段后，让学生进行实践的一项活动，即“中学生模拟法庭”，该活动是让学生将自己置身于“法官”“辩护律师”“被告”“原告”的位置上，让其在已往发生过的真实案件中充当角色，进行实践操演。在模拟法庭的辩论中，学生完全以角色身份直接参与“案情”，独立地思考和分析问题，审时度势，据理力争，权衡应变，果断决策。

期末还要评选本学期的“优秀法官”“杰出律师”等。

“中学生法庭”的开设，不仅培养了学生敏锐的应变能力、果断性和语言表达能力，而且还增强了学生明辨是非的能力，体验到了学习法律的重要性和必要性，提高了自身的“免疫力”和“战斗力”，以强有力的法律武器去迎接新世纪的挑战和市场经济大潮的磨炼与考验。

“中学生法庭”的开设使我们收到了事半功倍的法制教育效果。

今日反思

让学生在校期间有不同的角色体验，这本身也是学校教育社会性的一种实现途径。角色体验的重要价值在于提供一个“浓缩的真实环境”，其中集聚了社会环境的典型性，又通过模拟的方式让学生安全地体验，在角色转换中学会理解和换位思考。无论是当年的模拟法庭，还是十一学校的戏剧课程，都具有这样的效果。

另外，模拟法庭引发的第二个焦点就是校园里的学生争议裁决组织，现在的十一学校就有这样的组织，他们以学校的校规校纪为依据，对有些学生的申诉进行裁决。

由于学校规模过大，情况复杂，所以学校把留校察看等级以下的处分权赋予给年级。由于各年级在把握上难免有些出入，搞不好会造成学生之间的攀比。为引导和警示各年级审慎对待每一次对学生的处分，在学校层面设立学生争议裁决处就很有必要。

当然，这个裁决处只是一个组织部门，有固定的师生主持，在老师和学生中确定一部分类似于陪审团的成员。每遇有关争议需要裁决时，则抽取其中符合要求的相关“陪审团”成员参与。其中还规定了老师和学生的比例，最终通过各方申诉，陪审团讨论，投票决定裁决结果。

让学生自己管理自己

学生自律委员会

学生自律委员会是德育处组织的一个学生团体，旨在通过学生的自查、自评、自管，最终使学生形成自我约束、自我教育的意识。

学生自律委员会成员由全校所有班级的学生代表组成，委员会成员分为五组，分别负责周一至周五的全校各班级的纪律、卫生等方面的检查、评比和管理工作。检查和评比的结果由各自律委员会当天公布，学校为此专门制作了一块大黑板立在学校的显要位置，每天检查和评比以及处理的结果都可以在黑板上看到。

学生自律的效果是令人振奋的，各种违纪、违规现象明显下降，骂人打架、说脏话等不文明行为明显减少。一位学生的话道出了大家的心声：既然学校那么信任我们，把管理的权力给了我们，我们就应该处处做好，让学校对我们放心。

学生自律委员会挖掘和调动学生自我管理的积极性，改变了传统的学生管理的思路，为学生管理工作注入了生机与活力。

今日反思

严格地说，这不是学生自律的活动，仍是他律行为。这种以学生管理学生的方式在大部分学校里不同程度地存在，其利弊得失需要认真考量。趋利避害，既发挥这种方式的优越性，又不过度使用，应该是正确的选择。

真正的自律应该是每位学生对自我的管理。只有他们真正认识了自己，明确了目标，自我教育才可能启动。这里面大量的工作都是一对一、个别化的，且需要长期坚持，持续跟踪。

另外，还应该思考一下，我们常常期待学生能自律，那么我们自己自律了吗？我们常常要求学生学会自我管理，那么我们自己就应该在管理自己方面做出表率。在今天的十一校园里，老师们创造了很多有意思的方法，比如与学生共同协商一个目标，以21天为限，学生养成一个阅读批注的习惯，老师养成一个每天健身的习惯，然后利用APP技术平台，每天相互打卡监督，直到21天之后目标达成。这给了我们很多启发，要求学生做到的，我们自身也应该能做到，不然就用真实面对真实，共同去体验一个目标的实现。

相信你，相信我，相信大家

无人监场考试

学生考试，老师监场，这是学校教学工作中的一个环节，也是一项烦琐的工作。可是，在我们实施“学校以学生为中心”的教育工程座谈会上，有位老师提议要改变这一传统做法，实施无人监场，以培养学生的自尊、自爱、自律意识。这位老师的想法得到大家的认同，觉得这样可以尊重学生、信任学生，有利于学生锻造自我，培养健全人格。

学校的思路明晰以后，就有不少班集体申请在考试中实施无人监场。但为了慎重起见，我们只批准了几个德育标兵班参加试点。

无人监场考场，老师只负责分发和收交试卷，中间每隔半小时到考场巡视一次，解决在考试中遇到的卷面不清等问题和提供其他服务。

其间，特长教研室安排五名校报记者跟踪采访：发现这两个班四个考场的前后黑板上，都写着醒目的“相信你，相信我，相信大家”“信任是崇高的”等字句。从考生及有关老师反馈的信息看，两天的考试考场纪律很好，效果理想。

学生记者在校报上发表文章称，“无人监考”充分体现了学校以学生为中心、尊重学生个性发展的原则，是对学生人格的尊重和信任。它既培养了学生的自律意识、自我教育、自我管理能力，又增强了学生的集体荣誉感。

“相信你，相信我，相信大家”现已成为我校师生的共同承诺。随着我校素质教育的不断完善，这一考试方式被逐渐推广。

今日反思

把考试也作为一个教育活动，这是无人监场考试的追求，而不是改革考试方式的举措。值得注意的是，有考试就可能有作弊行为，当出现作弊行为时要及时、准确地发现并处理，不可因为信任而误导了学生。

既然考试都可以作为一个教育活动，那学校里的一切活动都应该有如此的追求。比如，食堂里的自助售卖摊，学生商店里的自助售卖物品，学生演出门票的自助售卖，就连毕业生也把自己用过的图书放在校园里在无人看管的情况下出售。这样的场景不仅让参与者获得信任感，也让目睹的师生得到潜移默化的影响。

创设教育情境

“形式”的力量

教育的效果是同教育的形式、场合、时机及受教育者的心理状态密切相关的，运用特定的教育时机，创设良好的教育情境，往往容易培养受教育者的良好心理状态，增加教育效益。

重视学校各种典礼的“形式”，在气氛渲染、程序安排等方面匠心独用，可以使“形式”产生教育力量。

大部分学校在组织开学典礼时比较注意，而对毕业典礼则十分敷衍，我们感到这样轻易丧失了教育的时机很可惜，因而在毕业典礼的组织形式上刻意追求教育效益。

首先，我们把每年毕业典礼的这一天定为学校的节日。不仅是学生的，也是老师的；不仅是毕业生的，也是其他在校学生的，让每一个人都为这一天自豪。在校园气氛上，运用各种方式加以渲染，彩灯彩旗，横幅气球，处处披挂着节日盛装，对老师、毕业生、在校生的服饰也有特别要求。

典礼的会场则既热烈又庄重，整个典礼程序包括毕业生谢师、导师代表训示、校长颁发毕业证书等几项内容。尤其以颁发证书一项最为动人。颁发证书时每位学生单独进行，每颁发一位学生，司仪必须同时宣布该学生在校期间所获得的全部荣誉奖励，即使连某一次作业、哪一科竞赛获奖也无一遗漏。这项议程所用时间很长，但老师、学生却始终情绪亢奋，感觉不到冗长，被邀请的家长们不少还激动得热泪盈眶，有的甚至不由自主地走到自己孩子的老师面前鞠躬、握手。典礼气氛十分热烈，这一形式，对老师、学生都是一个十分有效的教育。

今日反思

让每一位学生对自己的中学时光终生难忘是我们学校的教育追求，而如何让他们终生难忘，尤其是让每一位学生都终生难忘，却并非易事。

如何把学生在校期间与他们关联密切的活动形式设计好，既符合活动的品位，又直击孩子的内心，我们是煞费苦心的。

十一学校目前的开学典礼、毕业典礼、狂欢节、学生创意产品交易会已成为全校学生热盼的活动，而成人礼、电影节、戏剧节、少先队离队日等也受到不同年级、不同群体学生的追捧。

从当年凭着感觉去创设每一项教育活动的意义场景，到今天我们梳理了学校里每一项活动的关键要素，这是20年来不断摸索和体悟的结果。今天在十一校园里，我们确定了每年的泼水节的目标在于促进师生关系；开学典礼的目标在于开启对新学习的期待与进入最佳学习状态，为此我们提取了6大关键要素。这些从目标到关键要素、到流程设计的梳理保障了每一位师生既有发挥创意的空间，又非常明确地知道“为什么”。

体验师生情

“饮水思源尊师日”活动

良好的师生感情不但可以激发教师的教育热情，而且可以提高学生的学习积极性，使班级气氛更加融洽、和谐。老师们都会有这样的体会：一个对老师怀有崇敬、热爱之情的学生，对老师在课堂上所传授的知识会更容易理解和掌握，对老师提出的批评和建议会更乐于采纳和接受。

尊师敬长是中华民族的传统美德，尊重和爱戴老师是一种良好的道德情感，是学校教育工作的重要任务之一。

人的情感往往是在一定的情境中产生的，创设情境是激发和形成美好情感的重要途径。为此，我们在学生中发起了“饮水思源尊师日”活动。要求所有学生在每个学期第一周的周末到小学或初中母校拜访过去教过自己的老师，而且每个学生都要亲自为老师做一件好事，比如，帮助老师搞一下家庭卫生，为老师换煤气罐，或者到市场上买菜为老师做一顿可口的饭菜，等等。每个学生在拜访老师后都要写一篇作文，把尊师日为老师做的好事记录下来。尊师日使学生们收获很多，他们更加深了对老师的理解，体验到了师生感情的纯洁和崇高。有个学生在作文中写道：“今天我给老师当了一天的保姆，照看老师刚会说话的孩子，因为老师要为一名因病误课的同学补课。老师为了我们的成长，几乎奉献出了一切，难道我们不应该经常想到为老师做点儿什么、为老师付出点儿什么吗？”

“饮水思源尊师日”活动拉近了师生间的感情，增进了师生间的理解和交流，使学生得到一种美好情感的熏陶，收到了良好的教育效果。

今日反思

我们对学生感恩品格的塑造有着深切的理解。大量的研究和实践证明，只有学会感恩，才能具有更强烈的幸福感；不懂感恩，不会感恩的人，往往幸福感缺失。

十一学校把 9 月 10 日的教师节确定为学校的感恩节。在这一天的下午，我们会引导学生回到自己的小学或初中母校去看望自己的老师，帮助老师做一些力所能及的事情。当然，实在回不到母校老师身边的，也可以通过其他方式表达自己的感恩之情。

当然，感恩节或前后一段时间，也是我们的校友们返校来看望老师最多的时候。为此，我们也开通了为毕业生办理校友卡的服务，以方便他们返校时出入。

另外，我们也要关注的是创设关键情境的教育节点与常态性感恩文化的平衡关系。如果平时的校园里并没有感恩之风，那么仅仅凭一个教师节，再多办几张校友卡都是收效甚微的。只有在日常校园里的真实感恩文化的涌动，才能让一个时间节点撞击出更强大的“高潮”效应。为此，我们的橱窗、海报都会发挥这样的效果；同时，成年人之间的交往关系也是至关重要的，学校管理者以服务的心态支持着每一位教师，而教师又用各种方式表达对行政、后勤乃至教育辅助人员的感恩，这样的关系让感恩不再只是一个事件，而是一种习惯。

磨炼学生的心理耐受力

让学生失望一次

我曾接触到一个高一的学生，初中时学习成绩一直是全校第一。进入高中后他的成绩名列第四。应该说这个名次不错，但是他却陷入了强烈的心理失衡中，情绪一落千丈，患了神经衰弱，最后只好休学。

这样的事例并不鲜见，许多老师发出这样的感慨：好学生比差学生心理更脆弱。

为什么一些好学生表现出心理耐受力差呢？主要是家庭和学校两方面的原因造成的。好学生由于学习好、表现好，家长对他们倍加宠爱，一切要求百依百顺；老师对好学生更是关心、爱护备至。他们很少有经受磨炼的机会，心理耐受挫折打击的能力也变得脆弱无力。当环境由顺转逆时，其脆弱的心理耐受力在巨大的压力来临时就显得不堪一击，很容易出现精神、心理问题。

为了提高好学生的心理耐受力，我们发动教师进行了“让学生失望一次”的活动，故意设计一些挫折情境让那些心理耐受力差的好学生体验一次挫败的感觉。比如，在联欢晚会上故意安排几名同学，请不擅长唱歌的好学生为大家唱支歌，让他们“丢一次丑”；举办一次全体学生参加的运动会，让无体育特长的好学生当一次倒数第一名；在学校一些招标活动中让他们在竞选中败北；也可以在一些公开场合有意当众指出好学生所出现的一些失误，等等。

当然，设计让好学生失望的情况时要注意限度，不要让他们感到自尊心受到刺激；而且有时候还要在事后向他们说明事情的原委和目的，并鼓励他们自己有意识地进行一些受挫折的训练。

附："让学生失望一次"参考项目

1. 指定不擅长辩论的学生在班级辩论赛上做辩手。

2. 学生受到委屈时故意不理睬。

3. 联欢会上让事先没有准备的学生表演节目（节目要有难度，使学生难以表演好）。

4. 班会上不考虑学生上周做出的成绩而点名批评出现的微小失误。

5. 在招标活动中故意让竞选者败北。

今日反思

只有给学生自主的空间，让他们在校园内外拥有大量自主设计、自主组织的学习与活动时，成功的快乐与挫败的失望才会自然地相伴而生，是不是需要设计让学生"失望"的活动就变得不再重要。

当然，当课程的选择性是让学生发现自己的长处、激发自身潜能时，当每一位学生可以在自己的兴奋点上发挥优势时，他们反而变得乐于承认自己的不足，甘于笑纳自己的短处。即使他们在某些方面与同伴存在较大差距时，他们不仅不会失望，反而会为同伴喝彩。

治理结构一变，平等就生长了；课程的选择性一变，平衡能力就自然增长了；教师发现学生的眼光一变，学生的自信心增强，内心也就强大起来了。所以，在今天看来，很多教育的烦恼和顽疾都在于尚未在根本上进行调整与变革。

激发成才欲望

组织学生到大学考察

能够进入大学进一步深造是大部分学生的理想，更是家长们的期盼，可大学是什么样子，大部分中学生并不了解。为此，学校组织了“爱科学夏令营”和“特长生夏令营”，组织学生到大学参观是其中一项重要内容。报名通知一发出学生们就争相参加，甚至有的学生家长找校领导说情，结果由一个团增加到三个团。

在北京，学生参观了清华大学、北京大学、中国人民大学等十几所名校，图书馆、博士楼、学术中心、博物馆……一幢幢高楼令学生们目不暇接；百花园、未名湖、网球场、大学生活动中心更使学生们流连忘返，因为这里是科学与文化的圣地、人类智慧的摇篮。在青岛，学生参观了青岛海洋大学和青岛大学，望着红瓦绿树、亭台楼阁，听着老校友的热心介绍，感受着海边城市特有的文化气息。这些使高中学子们开阔了视野，净化了心灵，更增强了学好文化科学知识的信心和决心，激发了他们成才的欲望。有一位高一学生在夏令营报告会上这样说：“漫步北大，心潮澎湃！古老的北大，美丽的燕园，我心中的太阳。我决心用百倍的努力，争取在这片热土上实现人生的追求和梦想！”

今日反思

让学生了解他们未来生活、学习、工作的样子，对他们定位今天、规划明天是现实的需要。今天，十一学校开发了 70 多个职业考察课程，覆盖了社会生活的主要领域，尤其重视具有前瞻性的行业。每一个行业考察每学年安排四次，分别在寒暑假和每学期各一次，学生可以根据自己的需要自主选择考察时间和考察内容。

不同的行业采取不同的考察方式，目的在于让学生能够在有限的时间里了解这个职业的真实情况。有的职业可以跟踪从业者的工作过程，有的则需要到车间现场，有的需要与相关人员如客户进行访谈。什么方式有利于加深学生对这些行业的理解则选择什么方式。

从“长大了我要做什么”的小学梦想作文，到中学时期创造各种机会去考察未来的样子，看看他们中学毕业可以去哪里求学，看看他们理想的职业与现实的状况是否一样？这样的眼见为实才能促进学生自我反思，才可能让学生审视自己究竟要什么，最终做出自己的决定。

创造情感体验的机会

德育中道德情感的培养

品德的形成是道德认识、道德情感、道德意志和道德行为四个基本成分共同作用的综合平衡发展的过程。在德育过程中，让学生理解道德概念，锻炼学生的意志，以及引发学生的道德行为一般都能想到和做到，而道德情感的培养在德育中的作用却常常被忽略。

道德情感可以影响对道德的认识，有时一定的道德情感还会直接支配一个人的道德行为。没有情感体验的德育过程必将是空洞和缺乏生机、活力的。

我们在德育过程中十分重视道德情感的激发和熏陶。组织学生观看《鸦片战争》《开国大典》《大决战》《大转折》等爱国主义题材的影片，激发了学生的爱国主义情感；香港回归之日，通过有线电视让全校学生收看香港回归政权交接仪式，百年国耻，一朝得雪，大大振奋了学生的民族自尊心和自豪感；举世瞩目的三峡工程大江截流盛况，由于直播时间太长，我们专门录制了长江截流时的一些精彩场面，在课余时间放给学生看，当截流的宏大场面展现在他们眼前时，每个学生的心灵都被震撼了，建设国家、为国出力的责任感在他们胸中升腾……

此外，我们还举办了“弘扬爱国主义情感”读书报告会以及纪念“一二·九”爱国主义演讲大赛等活动。这些活动通过情感体验的过程提高了学生道德认识的水平，使他们的道德行为上升为一种主动的行为习惯，增进了学生德育工作的实效性。

今日反思

生活中处处都有道德情感体验的机会，但优秀的影片、戏剧因为其典型性、反差性往往是青少年成长中难得的情感体验的载体。

为此，我们建造了学生影院，开发了电影、戏剧课程。不仅通过学分管理的方式引导全体学生走进影院、剧场，还引导语文、历史、地理、思想政治等学科去影院、剧场上课。这样，学生不但学了同样的知识，培养了同样的能力，而且在情感体验上会有不一样的收获。

当然，最大限度地让校园社会化，让学生真实的生活在校园里成为常态，学生的道德体验就可以随时发生。

让学生自我剖析

“校园聚焦”中的认同理论

“校园聚焦”是我校滨北电视台的一个专栏，栏目完全由学生策划、摄像并制作。“校园聚焦”的镜头主要对准校园里经常发生的、学生反映强烈的现象，由学生分析和评论这些现象。

校园里“白色垃圾”遍布每个角落，严重损害校园文明建设。学生们的摄像机瞄向了塑料袋集中的墙角、冬青丛，并对在场的学生进行现场采访，阐述他们对“白色垃圾”现象的个人看法。学生们在评论中纷纷指出“白色垃圾”的危害，剖析造成这种现象的原因，提出了很多解决问题的方法。节目制作完成后很快通过学校有线电视网播出，几乎全校学生都观看了这个节目。节目的影响力在第二天便显示出来。各班纷纷组织清洁小队收集校园里的塑料包装袋，就连被风吹到树枝上的塑料袋也用竹竿挑下来。不到一个星期，校园里的“白色垃圾”完全绝迹，废物乱扔等其他现象也得到了遏制。

为什么学校三令五申禁止却效果不佳的问题通过一个专题评论片就能得到解决呢？很简单，那就是因为这个节目引发了学生的认同心理。认同是指把自己看作别人，把自己的个性看成同另一个体的个性一样。由于“校园聚焦”中发表看法、剖析自我的是学生，他们的意见便很容易成为所有学生认同的目标，于是清除“白色垃圾”、乱扔废物不文明便成为所有学生的共识。

“校园聚焦”还制作了阅报栏丢失报纸、考试作弊等现象的电视节目，都取得了意想不到的良好效果。

今日反思

学生创意的影响力与教育性往往超过了我们成年人的想象，当年的“校园聚焦”如此，现在十一学校里活跃的很多学生自组织也同样如此。比如，学校有一个“X 调查社”，谁都不知道社里有几个学生，他们究竟是谁。他们通过一个小小的二维码在人群最密集的地方，展开各种调查，包括食堂饭菜口味的调查、改造学生自行车棚的调查等。虽从不露面，但他们的一项项有力的调查却以客观的立场发出代表学生的重要声音。

十一校园里还有若干个关注校园生活、关注社会问题的学生媒体，在许多热点问题上始终敏锐地站在前台。

许多话题相对敏感、复杂，如果老师或学校过早地介入或表态，容易遭遇青春期学生的逆反，而在这些学生媒体上讨论、冲突、分析，反而更能让他们变得冷静、客观并认真反思。老师可以适时、适度地引导，但需要掌控火候，把握策略。

让节日过得快乐而有意义

“十节日方案”

“十节日方案”是在元旦、春节、清明节、中秋节以及劳动节、青年节、国庆节、教师节、母亲节、老人节等共十个节日来临时，由学生自己制订过节方案，用有意义的实际行动来庆祝节日或者向家人、社会奉献爱心。

以往过节，学校放假，学生多涌向游戏厅或其他娱乐场所，有的干脆在家看一整天电视或睡懒觉。家长们反映学生在节日里不好管，怕学生会沾染坏习惯。我们也心痛节日里许多很有价值的教育机会被白白浪费掉。

我们调查了一些学生，当问到他们是如何过节时，却得到了几乎一致的回答——不清楚怎么过的节。既然不知道该如何过节，打游戏机、看电视、睡懒觉也就不足为怪了。针对这种状况，团委、学生会联合发起了征集设计“十节日方案”活动。由学生设计在有重大教育意义的十个节日里如何庆祝节日，如何使节日过得难忘而有意义。最后择优选出的十个节日方案经修订之后，向全校学生公布，并由各班团支部组织实行。

“十节日方案”以文明的形式和有益的行动获得了家庭、社会的称道和信任。学生在节日里也得到了锻炼和教育，节日生活变得充实和丰富多彩起来。

附：母亲节的两个方案

方案一：对母亲节的理解

伟大的母亲孕育我们，抚养、教育我们长大。18 年的艰辛操劳，磨蚀了母亲青春的容颜，皱纹过早地爬上她的额头，青丝中平添根根白发。母亲为我们奉献了她的青春，今天她还在为我们奔波。我们应该感谢母亲的养育之恩，应该体谅母亲的爱子爱女之情。母亲节是弘扬伟大母爱的节日，我们要在这一天让母亲明白她的儿女已懂得珍惜母亲的爱，并向母亲献上一份真诚的祝福。

[过节计划] 在母亲节的早晨向母亲祝贺节日快乐，奉上自己制作的节日祝福卡片，然后陪母亲到公园里好好放松一天。在陪伴母亲的过程中，一起回忆儿时的情景，向母亲表达自己对母亲的感激之情。晚上动员父亲和家里的其他人举办一个“庆祝母亲节晚会”，为母亲演唱《烛光里的妈妈》，让母亲尽情享受儿女的孝心和爱心。

方案二：对母亲节的理解

母亲用辛勤的劳动为我们创造着生存和成长的条件，母亲的胸怀是世界上最博大、最无私的。母亲节是对母亲付出劳动的纪念和尊重。母亲已为我们做了那么多，现在不正是我们用自己的劳动回报母亲的时候吗？

[过节计划] 一改过去的惯例，在母亲进厨房前烹制好一份精美的早点（没有烹饪经验的学生可以在前一天事先购买一份母亲喜欢吃的点心），为母亲倒一杯浓香的牛奶，然后邀请全家人共进早餐，向母亲表达节日的祝福。早餐结束后自己收拾餐具，打扫室内卫生，告诉母亲，今天她是最尊贵的人，一切家务由儿女来做。闲暇时间陪母亲散散步，说说知心话，让母亲感觉她的儿女已经懂得理解和尊重父母，不会辜负母亲的辛勤劳动和款款爱心。

今日反思

设计自己的生活，不仅让当下变得有意义、有效率，更可以让自己形成良好的习惯，具有认识自己、认识社会的能力，让生命变得更有意义。

许多成功学家都强调业余时间对成功人生的重要意义，因此，引导学生养成规划自己业余时间的能力至关重要。比如，周末、假日、上学路上、晚上在家时，对这些时间的规划设计，尤其是如何将自己的眼下与未来相连接，赋予业余时间和业余生活积极的人生意义，对学生的一生富有价值。

而对一些特殊活动的设计，则会帮助学生加深对活动目的理解，而以什么活动方式去追求目标的达成，则可以培养学生解决问题的能力。

丰富知识，提高能力

学生假日基层挂职

近几年，从有关部门对诸多高校学生的调查中了解到目前学生的适应能力、分析问题和解决问题的能力以及社交能力等普遍较差，高分低能现象严重。这不能不说是高等教育的一大弱点，它反过来也说明中学教育存在着许多弊端，同时也给中学教育敲响了“要知识，也要能力”的育人警钟。

为改变学生高分低能，只抱着课本和围着老师转的状况，培养适应社会高速发展所需要的高素质人才，我们推出了“学生假日基层挂职”这一中学生自我锻造活动，让学生利用假日时间，走出校门，走进厂、矿、企事业单位挂职工作，以增强他们的认识社会、适应社会的能力；增强他们的领导能力、组织才能和团结协作的精神；培养他们吃苦耐劳的品质和珍惜劳动成果的习惯。

对“学生假日基层挂职”，我们采取了学生自己联系单位和学校帮助联系单位相结合的办法。挂职工作时的主要任务如下。

1. 协助单位或单位部门负责人的日常工作。

2. 代表负责人行使其职权。

3. 协助负责人制定工作规划。

4. 加强挂职部门文字宣传的力量。

5. 抽时间深入工作现场，进行实地工作，了解、反映职工生活。

6. 提出有关改进工作的措施和建议等。

学生假日基层挂职，严格按照单位要求行事，假期结束后写出一份完整的挂职工作报告，并结合挂职单位的工作情况反馈，对学生进行表彰奖励。

通过这一实践活动，学生不但更多地了解和体会到了社会的丰富多彩和劳动的艰辛，也培养了能力，增长了才干，提高了学习热情和战胜困难的勇气。

今日反思

如果希望学生尽快了解某一个部门或企业总体的情况，跟岗挂职的方式当然很好，但也有弊端，一是不方便联系，大批量安排这样的挂职难度较大，二是容易产生负面影响，给学生产生的暗示不好，学生容易忽视基层岗位的价值，需要活动前有引导性设计。

在现在的十一学校，除了七十多个职业考察课程之外，另有一批职业体验课程。职业体验是学生在参加职业考察后，对某一职业产生兴趣，希望进行深度了解的活动。一般安排在寒暑假，时间一至两周；岗位从本行业的核心业务中选择最基础的岗位，也就是大学生毕业后走上岗位的第一个台阶，这样能比较真切地让学生理解这个行业和自己的未来。在选择职业体验岗位时，我们提倡通过自己的努力去实现，尽量避免通过家长、亲友介绍的特殊照顾。

第八辑

在造就学生的同时成就自我

我向来不赞成把教师仅仅看作蜡烛、春蚕、铺路石一类的角色，那种把一类人的工作视为仅仅是为另外一类人献身，一类人悲剧性地活着仅仅是为了造就另外一类人的幸福的说法，其实，已经与我们这个世界本来的初衷相去甚远。

教师应该是托起太阳升起的人，但同时，它也是太阳底下最光辉的职业，一个教师在成就学生的同时也应该成就自我。

那种把教师视为悲剧角色，把教师这个职业仅仅视为铺路石职业的人们，其实对人生的认识出现了偏颇。他们太看重轰轰烈烈的壮举，而不知平平凡凡也是人生追求的七色阳光，即使是恺撒和亚历山大，在没有那些如火如荼、世人瞩目的业绩以前的平淡生活，也应该被看作英雄壮举的一个整体。

我们赖以生存的这个世界，从更广泛的意义上说，是希望每一个“地球人”都获得幸福的世界，尽管这是一个即使长期努力也不可能完全做到的奢望，但起码其希望应该如此。人们的智商、能力、兴趣、爱好各不相同，社会的分工、个人的机遇千差万别，尽管我们提倡为社会奉献、为他人服务，然而说到底，还是不能不把我们地球上的每一个个体成员的人生幸福当作最终追求。我们其实应该在这样一个前提下确定我们每一个职业的衡量标准，让每一个在地球上活动着的人都扮演一个喜剧角色，而不是相反。

基于这样一种认识，我们在老师中间开展了“在造就学生中成就自我”的系列活动。首先是设计自我，确立自我实现目标；然后是分解计划，落实实现自我的具体措施，学校该提供些什么帮助也在这一个环节中落实下来。当然，整个活动始终贯穿把自己与学生的前途、命运结合在一起的思想，目的是让老师明白，如果你创造一个奇迹，那么这个奇迹也同时就创造了你自己。

这样一来，老师们可以找准自己的坐标，校园里既有学生的七色阳光，也有老师们的金色爽朗，于是灰色的生活变成了金色的人生。

志当存高远

让老师们制定自我实现方案

在著名心理学家马斯洛的需要层次论中，自我实现的需要是最高层次的需要。自我实现指人们在现实生活中实现自己的能力或潜能，并使之完善化。通过努力，人人都可以达到自我完善。

在普通的中小学校里，许多教师的目标仅限于把课本知识较好地传授给学生，不至于误人子弟就行了。很少有人会想到在教学过程中完善自己的能力，挖掘自身潜能，使自身生活达到一种人生的新高度，将自己的能力完全发挥出来。

让老师们自己制定自我实现的方案，这是我们对教师提高自身素质树立高远志向的一项激励措施。所有的老师无论年龄大小都要制定适合自己特点的自我实现方案。自我实现方案包括个人业绩回顾、能力自我评价、未来发展目标和近期发展目标四个部分。自我实现方案由学校长期备案，按方案中的近期发展目标对教师进行核查，目标远大且如期达到近期目标的教师，学校给予物质和精神鼓励。青年教师在自我实现方案中还要制定 30 岁成长目标和 40 岁成才目标。

自我实现方案唤醒了老师们创造辉煌人生的雄心壮志。许多教师在制定自我实现方案时深有感触：做教师并不仅是当一辈子的教书匠，教学也可以实现人生理想和目标，也可以发展和完善自我，成就一番事业。

今日反思

教师的天职是唤醒学生，学校管理者的一个重要使命则是唤醒教师。

然而，这又是管理工作中最复杂、难度最大的事情。对刚刚入职、激情澎湃的青年教师来说，制定一个自我实现方案，是一个很自然也很有效的措施。而对中老年教师则需慎之又慎，搞不好，不仅流于形式，还会让老师们产生抵触情绪。但是，对中老年教师，尤其是中年教师来说，又特别需要一个自我实现方案。人到中年，一般会遭遇职业发展的瓶颈，但这个瓶颈是什么，如何突破，往往不能自知。这个时候，如有外力介入，帮助梳理、追问、反思，大都可以收到意外的效果。但不可在面上推进，需要选择不同特点、处于不同发展阶段的老师，集中相关专家力量，一个一个地突破，找到规律，明确路径，给相似老师提供借鉴。

事实上，中老年教师在个人成长的渴望上不比青年教师差，只是长期的成长挫败让他们失望，甚至绝望，但一旦找到正确的路径，他们的转型会令人感到鼓舞。

树立高期望的目标

“名师工程”

在美国《哈佛商业评论》上登过一篇《管理中的“皮格马利翁”》的文章。这篇文章把管理工作比喻成萧伯纳的戏剧《皮格马利翁》中的情况一样，只要希金斯教授把伊丽莎·杜丽特当卖花女时，她就当卖花女；而要把她当贵妇人时，她就能成为贵妇人。有些领导者总是设法用那种能使下属做出超常成绩的方法对待下属，但许多时候，我们却像希金斯一样，无意之中用了那种使下属做出较低成绩的方法来对待下属。很明显，期望高，绩效也高；期望低，绩效也低。

研究表明，最有效的目标是那些只有50%成功可能性的目标，那种不可能达到的或肯定能达到的目标，是毫无激励性的。

成功的管理者不仅要对自己指挥和激励的能力坚信不疑，还必须能传达出自己的高期望，这样才能从普通人身上得到超常的成绩。

开展“名师推动工程”即是向老师们传达热切而崇高期望的有效手段。

首先，我们确定了全国、省、市各级名师的基本要求，放到老师们中间广泛讨论，讨论的过程即是老师们确立目标的过程。然后，我们让大家检查自己距离各级名师所缺乏的工作或素质，制订三至五年的个人发展计划，汇总后通报全校。这些工作做完之后，剩下的就是定期反馈落实情况，发展正常按计划进行的要表彰；存在问题的，领导者要满怀期望，满腔热情地去帮助分析、解决。这个工作使老师们感到了领导对自己的期望，避免了仅仅为工作而开展工作。

今日反思

认定名师的一条重要原则必须确立且坚持，名师必须首先是在学生内心有地位的老师。没有这一点，即使你在其他领域光辉灿烂，却不应该成为我们推崇的名师。

因而，在校园里通过什么样的方式，让那些学生爱戴的老师有地位、有荣耀且“名利双收”，就成为学校管理者的必修课。

当然，我们也无力改变当下许多评优晋职的政策，如何让我们这些学生喜欢的名师在校园以外同样没有太多阻碍地晋升到更高层次，我们也有必要做些妥协。帮助这些老师在著书立说等方面有所作为，通常也是一个好办法。

营造奋发向上的氛围

“让每个教职工都成为英雄”

嘉奖，对教职工本人来说，意味着有人注意并关心自己；对学校其他人来说，则是树立了榜样。在相当一段时间里，管理圈内借鉴来了一种“发红包”的奖赏职工的方式。从管理的角度说，这种方式的是非优劣我们很难断定，但有一点我们可以肯定，那就是它仍然不能代替对职工的公开嘉奖。

使老师们能够终生献身于事业而无怨无悔的唯一方法是使他们体验到自己工作的重要，说到底也就是自己的重要。美国教育家杜威说：“人类所有的冲动中，以‘希望成为重要人物’的欲望最强烈。”因此，管理工作者必须把握好这一点，努力创造条件，来显示被管理者的重要。正像一位事业上非常成功的经理曾讲过的一句话：“你要使每一个人都成为英雄。“在学校管理中，有这样一些“使每个人都成为英雄”的方法，可供参考。

1. 印制“年度最佳成就”小册子，其中包括有关教职工的姓名、照片和他们最佳成就的记载。

2. 对在某一方面做出突出成绩的教职工由学校发文件通报表彰，并同时将文件报送上级有关部门，尤其要转送该职工父母和配偶所在部门。

3. 给优秀教职工拍摄大幅相片并镶嵌在精美的相框内，赠给本人。

4. 在校内或市内电视台点歌，对优秀员工取得的成就表示祝贺。

5. 以特别突出的教职工的名字，命名一项学生奖励。

6. 设立“孺子牛”奖，专门奖给那些一般不出头露面、默默无闻工作的教职工，但是一定要在众人注意的情况下进行这种奖励。

7. 给某方面有造诣的教职工赠订一份有利于他发展专长的报刊。

8. 创造条件让科研型教职工参加一定范围的学术性会议。

9. 当教职工完成一项特别任务后，送他们去远足，如深海垂钓、泰山登高或湖上巡游。

今日反思

现在的十一学校，更加聚焦教职工在学生心目中的地位，包括他们在已毕业校友心目中的地位。只有这样的价值导向，才能既反映教师工作的本质属性，又会引导教师循着一条健康的发展之路成长。因而，学校的各种活动应尽力把学生与教师联结在一起，尤其要把学生的成长、成功、成才与相关的老师相连，让老师确信，在教育学生的过程中，谁创造了一个奇迹，这个奇迹同时也创造了他自己。

在表彰教师的方式上，我们尽量避免在全校范围内进行，尽量单独组织获奖人员及相关人员参加活动，以避免给其他未获奖的教职工带来不必要的心理落差。尽管表彰活动规模小，但规格要高，要庄重、热烈、仪式感很强，能给获奖者以荣耀感。

从传统方式上看，十一学校设计了功勋教师表彰和新教师迎新等颇有仪式感的活动，但即便是这样的仪式感很强的活动，我们也特别关注发挥非正式交往的力量。这样的活动往往采用酒会、聚会等形式，气氛温馨、节奏明快、环境富有意义，让老师在不断连接、相互祝福和宽松交流中提升职业幸福感和荣耀感。

树立追求卓越的精神（一）

金校徽奖

“金校徽奖”是我校最高规格的一种奖励，只有那些在工作、学习中出类拔萃且品格优良的教师或学生才有资格获得一枚象征最高荣誉的金校徽。

金校徽图案设计与普通校徽一样，外表镀一层黄金，可以终生佩戴或保存而不变色。金校徽的获奖得主每年评选一次，评选办法采用“一票否决制”，任何一方面不符合要求都不得评选。因此，每年只有几名甚至一名教师或学生有幸获得这一殊荣。金校徽奖的获得者还将被记入《学校成就大典》，由学校档案室永久保存。

设立“金校徽奖”的目的是在全校师生中树立一种勇于追求卓越和挑战自我的精神，鼓励师生不断向人生和事业的巅峰迈进。金光闪闪的校徽佩戴在胸前，自豪感和成就感会油然而生。校园里每一枚金校徽出现，都会吸引一大批羡慕、钦佩的目光，那一枚枚放射光华的金校徽已经成为全校师生追求的目标。金校徽，激励师生不断向更高层次攀登。

今日反思

目前，十一学校的最高荣誉为“荣誉学生”称号，每年 2 ~ 3 位，授予那些最能诠释学校育人目标和价值追求的学生。除了奖励证书，仍有奖金，且在媒体上公开推介，目的是强化学生、家长、教职工的价值观，不断聚焦学校一贯的育人目标，让社会了解学校的价值追求。

在教师层面尚没有设置最高荣誉，主要是担心评选标准和教师工作的特殊性——既复杂多样，又不可能在短期内显现效果，但可以发动校友和第三方，以民间的方式推动最高奖的产生。如果能对退休后的教师设置一些最高荣誉，应该更能体现教师职业的价值。

树立追求卓越的精神（二）

评选“功勋教师”

我们每年都开展评选、表彰和奖励“十佳青年教职工”“优秀班主任”“教学能手”“孺子牛奖”“金牛杯奖”获得者，目的就在于肯定他们的工作成绩，激励先进，鞭策后进。

这些评选、表彰和奖励活动，往往力度小，对教师的影响不大。为最大限度地调动全校教职工的工作积极性，我们设重奖奖励功勋卓著的教师，充分发挥其榜样的巨大吸引力。为此，我们开展了评选“功勋教师”的活动。被评为“功勋教师”的，除作为全校学习的榜样外，还每月额外享受50元的生活补贴，如果连续5年被评为“功勋教师”，则直至退离休或调离本校前一直享受此待遇。

评选条件如下：

1. 以学生为中心，有敬业奉献精神；遵纪守法；师德高尚；教育观念先进，教学手段科学；专业水平高，教育质量好；有教科研成果。

2. 大学本科以上学历，从事教育教学工作三年以上。

3. 本职工作成绩突出，曾获县（市）级以上表彰的荣誉称号。

4. 有在地（市）级以上报刊发表、出版的教育教学方面的论文或专著；或有两篇以上在县（市）级以上有关部门评选的获奖论文或会议交流的典型材料。

5. 职称届满考核为“优质”等级。

今日反思

现在的十一学校仍设有功勋奖，突出表彰在学校教育教学和管理工作的某一方面有卓越表现的教职工。一般来说，这个领域正是学校当前和今后一个时期事关学校发展的战略改进领域。“功勋”评选不搞综合平衡，只要某一方面符合要求即可入选，而且在这一方面是“功勋”也不代表任何方面都好，不对他们求全责备。

我们很重视每年的表彰仪式，一般会根据获奖者的意愿，邀请一位他们敬佩的知名人士作为颁奖嘉宾，获奖者则可以带家人或好友参加仪式。

成才加油站

教师成果展厅

在我们学校，有一个神圣的地方，这里面写满了荣誉，洋溢着自豪，踏进去，它的庄严和浩瀚会使你受到感染，使你不由自主地惊叹，以至于流连忘返。它就是——教师成果展厅。

人们常把教师比作红烛，燃烧了自己，照亮了他人；比作园丁，倾洒了汗水，培育累累硕果。教师的工作就是奉献，默默地、无私地。怎样把这样一个令人肃然起敬的群体的成绩向人们展示出来呢？为此，我们布置了教师成果展厅。

展厅共分三部分。第一展室为“荣誉篇”。展台上摆满了教师们在教学工作中获得的荣誉证书和奖章。从全国教育系统劳动模范到校级“教坛新秀”，从教学能手到模范班主任，鲜红的证书和闪光的奖章是对教师无私奉献的最高奖赏。第二展室为“著述篇”。展台上那一本本厚厚的教学论著，一篇篇有独特见解的论文，无一不是教师智慧和心血的结晶。第三展室为“丰收篇”。这里摆放的是学生参加各种竞赛获得的奖杯和荣誉证书。有全国中学生数、理、化奥林匹克竞赛的荣誉证书，有全国“圣陶杯”作文大奖赛的奖品，有1997年山东学生文学艺术作品博览会上获得的奖杯……这一件件奖品，一个个荣誉的主人是学生，但哪个获奖学生的身后不曾站着辅导教师的身影？这是最让教师欣慰的、对教师付出劳动的最好的报答！

教师成果展厅的开设，对广大教师是一种肯定、赞誉，更是一种无言的激励。每学年开始和有大的活动时，学校开放展厅。这对学生可培养其高远理想，使之“亲其师，信其道”；对教师则是一个自我鞭策、寻找差距的过程。校外的参观者看了展厅之后的赞美更是对老师们的激励。

今日反思

没有丰厚的收入，也尚未形成至高的社会地位，那么教师职业的最大吸引力究竟是什么？其实，就在于学生带给他们的荣耀感和成就感。这种荣耀感体现在桃李满天，这种成就感体现在学生成为教师最好的专业发展课程，或许没有学生的成长，教师就无法领略人因差异而美好。

教师的成果一定是其学生成果的串联和并联，无论学校博物馆、成果展厅、荣誉册或学校的各处空间，只要是嘉奖教师成果的空间、活动，必须坚定地恪守这一原则。目前，在十一校园里，有“党员风采录”“月度人物”“青年才俊”“教师新论语”等各种展示教师业绩的平台，它们的共同特征是均和学生相连。

所有这些平台的设计与展示，其实也在暗示和孕育出一个需要不断拷问自身的平衡标尺，究竟是为了学科，还是为了学习。当一个教师眼里只有学科的时候，或许他看见的只是知识体系以及如何用自己的方式让学生掌握好知识，他们的眼里不一定有人；而一旦教师的眼里有了学习，那就有了一双发现学生如何学习知识的眼睛，就会因学生不同的起点和认知来调整教学，这样的老师才可能真正理解学科所蕴含的育人功能。

因此，把教师的成长与学生的成长相关联，原理与方式其实都是相通的。

给“热爱”添“柴”

评选“十佳贺卡”和优秀贺词

在我们学校有一个数学老师叫赵述齐，因为他对学生的至诚至爱，多少年来，在学生会组织的“我最爱戴的老师”评选活动中总是位居榜首。每年教师节、新年、春节的前夕，他总是沉浸在雪片般贺卡包围的喜悦之中。每当这个时候，他总是说，他没法不热爱那些学生。

赵老师有两本特殊的大册子，既像影集，又像集邮簿，每一面所收藏的内容几乎一样，大都有一张学生在大学里或工作岗位上的照片，剩下的部分装满了这位学生给他的大大小小、各种各样写于不同时间的贺卡。老赵搬了好多次家，有两次连本来就不多的存款单都差点弄丢了，可这些大册子却始终保存完好，一有时间他就拿出来翻翻。很明显，“热爱”在这里已经形成了“良性循环”。

从这里，我们受到了启发，决定每年开展评选“十佳贺卡”和优秀贺词的活动，借此给“热爱”添“柴”。

评选工作采取先展示后评比的办法，重在展示。展示面向全体师生，展示的过程是令老师们感到自豪的过程、受鼓舞的过程，也是对学生进行尊师教育的过程。贺卡的评选淡化其本身的价值，重在内容与形式的和谐，而贺词则主要看重真情实感。评选工作由全体师生共同投票，评选结果以文件通报全校，而且将文件发送到贺卡寄发者，以示祝贺。

这一活动的开展无疑振奋了老师，也同时教育了学生，使献身事业的老师们更加体验到了教书育人的崇高，起到了给“热爱”添“柴”的作用。

今日反思

对贺卡和贺词进行评选，常常会产生一些负作用，有时候会让当事教师和其他教师有些尴尬，甚至会影响到寄送贺卡学生的心态和本意。许多时候，真情并不一定在于贺卡的精美，挚爱也并非源于溢美之词，只有当事人才更清楚什么样的贺卡和贺词情深意切，因而，我们鼓励老师自己选择一两张贺卡存放并展示在学校博物馆里。如果老师希望自己仍然收藏原件，博物馆可以代为复制。日积月累，博物馆里便会充溢着浓郁的师生情谊。

另外，在师生关系日趋平等的今天，我们会看到师生之间表达热爱和相互尊重的方式会智慧地生成。比如，很多学生在教师节给老师画像，貌似调侃老师，实则无比喜爱；有的老师会在开学初为每一位班上的学生赠送书签，而书签的背面还做了隐含有该位学生姓名的诗歌，以此激发每一次新的开始。老师真诚地面对每一个孩子，孩子们就会用他们特有的方式给老师更多的反馈与回报，这就是当教师最大的幸福。

凝聚集体智慧（一）

策略奖

广大教职工中蕴藏着丰富的思想智慧，适时加以引导，将起到调动广大群众的参与意识和当家做主的积极性的作用；恰当利用，会成为决策者的重要智慧来源。基于这种认识，我们在学校设了一个专项奖——“策略奖”。

“策略奖”规定，提倡教职工对学校建设、管理、教育教学、后勤服务等各项工作提出意见或建议，出格的不批评，不足的不公开，优秀的受奖励。学校每学年进行一次评选，对优秀提案、创造性工作思路、改进性工作意见等，学校发文通报表彰并给予物质奖励。其实，广大教职工并没有把那份并不多的物质奖励放在心上，而更看重的是自身价值受到尊重。他们纷纷参与到为学校的发展献计献策的行列中来。于是，以比值代替名次评价学生的办法产生了，学生党校成立了，阅览室全开架了，幼儿园成立了。这一政策出台后，学生的积极性也被调动了起来，有学生给校长信箱塞条子：“校长，统一校服吧，那才能体现咱一中人的风采呢！”“老师，搞一个足球俱乐部吧！”试想，我们学校有 200 名教职工、2000 名学生，每人提一条合理化建议，那该是一笔多么丰厚的智慧财富啊！

我们想，实行校长负责制，更应该注意荟萃群众的智慧，智慧就是力量。

今日反思

现在十一学校工会负责组织的叫“金点子”奖。“金点子”奖随时征集，每月汇总，由一个评选委员会评出“金点子”，给予相关的奖励；没有入选“金点子”的也通过回复以示感谢；全部的建议、意见交付相关部门参考并改进工作。被评为“金点子”的，各部门必须创造条件落实；确有困难落实不了的，要报校务会审查，并当面向当事人做出说明。

无论是当年的“策略奖”还是现在十一学校的“金点子”奖，在工作思路上最重要的共通点在于搭建让教师发声的渠道。当教师感受到自己的想法、声音能够有通道传播出去，且还能得到认可和获得激励时，这就营造了安全的表达环境。而教师们不断在为学校更好发展出主意的舆论环境，又无形中产生了舆论引导，渗透着学校里究竟弘扬什么、追求什么的共同价值观。在这样大量智慧生成的环境中，管理者当然就可能获得更多的信息、资源和智慧。

凝聚集体智慧（二）

班主任集体备课制

一个班级管理好坏与班主任的个人能力有很大关系。长期以来，班主任都是各自为政，靠自己的揣摩和探索积累班级管理经验，班主任之间相互交流、切磋的机会很少。

我们实行的“班主任集体备课制”打破了多年来班级管理的闭塞状况，给班主任相互学习、相互研究、相互提高创造了机会。班主任集体备课按规定每周进行一次。在每周的周一，由各级部主任召集本级部全体班主任共同回顾上周班级管理的状况，总结经验，找出不足，有难以解决的问题大家集体献计献策，找寻最佳解决办法。在总结的基础上提出下周班主任工作的主要任务，制定工作计划。有时还要请在上周班级管理中有突出表现的班主任介绍工作经验，其他班主任要发表自己从中得到的启发或者补充更有价值的看法。班主任相互之间可以就某一班级管理问题进行探讨，互相交换意见，或者向其他老师请教。老师们可以知无不言，言无不尽，尽情自我发挥。会后各班主任形成各自一周的班级工作方案和主题班会活动方案，作为一周班级工作的依据。

班主任集体备课制发挥了班主任的集体智慧，给班级管理注入了强大的生机和活力。古有“两人智慧胜一人”之言，班主任集体备课汇集全体班主任的才智，其效果也就不言自明了。

今日反思

我们原以为把进入学校的学生划分成一个个班集体，每个班集体都有人“包干到户”负责到底，这样的班主任和行政班制度让学校看起来很统一整齐、管理有序，但事实上这样“包干到户”下所产生的各自为政在所难免。要打通壁垒，智慧共享，就要另起炉灶，想方设法地推出类似“集体备课”等新制度，其良苦用心就在于缓解班主任之间的经验差异所导致的班级整体质量的参差不齐。但即便如此，我们依然很难保证集体备课的质量。凭什么让教师无私贡献出自己的智慧成果，在备课中是否可以“留一手”等隐性问题始终存在。

现在的十一校园里虽没有了行政班主任，但针对某一位或某一类学生的会诊制却悄然登场，面向个体发展、呵护生命成长成为老师们的自觉行动。因为在这样的治理结构中，每个教师或许都只能看见学生的一面或几面，却都无法看到完整的学生，而我们教师的所有聚焦点都在学生的成长与发展上，因此，必然集结众人的智慧来面对一个个具体而真实的学生。这样，我们长期所期待的“人人都是教育工作者”的局面就浮出了水面。

实施教育思想的领导

“教育思想十条”

一所学校应该有自己的教育思想，这些教育思想既要贯彻党的教育方针，又要体现出鲜明的办学特色，更具体、更实际地渗透到教育教学过程中，从而发挥积极引导教师的教育行为靠拢教育规律的作用。

我们首先从教育观、学生观、人才观、教师观等方面拟定了教育思想讨论稿，并在全体教职工中展开了“教育思想大讨论”。几经反复，多次修正，我们确立了以下 10 条作为学校的教育思想。

1. 在老师眼里，不该有坏学生，只应该有心理不健康的学生。
2. 创造让学生成功的机会，用成功酿造自信。
3. 让学生在活动中经受道德磨炼。
4. 尊重学生个性，就不能拿一把尺子衡量学生。
5. 尽可能多地要求每一个学生，就必须尽可能多地尊重每一个学生。
6. 以学生为中心。
7. 在教育者的辞典里，只有“挫折”这两个字，却没有“屈服”这一个词。
8. 失败教育只会使教育失败，成功教育才能使教育成功。
9. 播种下的是习惯，收获到的是品格。
10. 热爱是最好的老师，兴趣是学习的前提。亲其师才能信其道。

今日反思

经过三年的讨论，十一学校于2009年出台了《北京市十一学校行动纲要》，在育人目标、教育教学、评价等10个领域明确了自己的价值追求，且三年修订一次。需要注意的是，形成的过程一定是全校教职工参与的过程，要让《纲要》入脑入心，成为大家共同的产品。每年的新教师培训，《纲要》是必须培训的重点。每学年聘任结束后，组建起的新年级、部门、团队也要重温学习、对照检查，以确保各项工作不偏离《纲要》明确的价值观。

实施教学思想的指导

“教学思想十条”

几年前，为了规范各科的教学，我们曾制定、颁布了《高密一中教学常规》，对教学起了一定的指导作用。这几年，我们学校的教育教学改革不断深化，一批中青年骨干教师脱颖而出，形成了自己的教学特点和风格。原来“教学常规”中的有些内容经过骨干教师两三年时间的实践和研究，需要修改或补充。

于是，我们以骨干教师为主，群策群力，反反复复，几经修改，把原来的“教学常规”浓缩到最简明易懂，便于记忆，便于操作，又最能体现一中教师教学特点和风格的“教学思想十条”，用以统一教学思想，提高教学效率。其内容如下。

1. 根本宗旨

教是为了不教。

2. 备课

重点、难点、三易点、点点必备（注：“三易点”指易错、易混、易漏知识点）；知识、规律、学法面面俱到。

3. 课堂教学

① 讲得天花乱坠不如学得扎扎实实。

② 了解、掌握、运用以及用力、用技的不同。

③ 宁在“纲”外吃亏，不在“纲”内失分。

4. 复习

[高一、二]

① 让知识树在学生心里扎根。

② 对没有命中的目标再射一箭。

[高三]

① 一轮——“三点法”：起点低一点，落点高一点，密度大一点。

② 二轮——“十二字复习法”：题目精要，规律讲到，框架扎牢。

③ 三轮——“十六字法”：定时定量，科学组题，训导并重，着眼考技。

④ 四轮——“自我完善四放四不放”：放手不放计划，放心不放思想，放时间不放管理，放讲练不放疑难。

5. 作业练习

① 小题大做，大题小做，错题重作，空题补作。

② 不要布置批改不了的作业。

6. 讲评

讲规律，讲思路，讲类型，反对对答案。

评卷面，评规范，评考技，谨防大撒手。

7. 考试

① 把考学生视为考自己。

② 考后工作重于考试过程。

8. 辅导

从来不提问的学生不是没问题的学生。

9. 边缘生

找准抓手，不断地拉一把。

10. 优秀生

做人生导师，树高远志向。

今日反思

我们始终坚持不在学校里推行某些教学模式，实行教学思想领导就是出于对教师教学个性的尊重，对学生多样化发展的敬畏。任何人创造出来的教学模式，一旦强力推行，必然伤害教育生态。

目前，十一学校正在推进的“教学驱动”机制，并非推广某位教师的教学模式，而是通过实施“基于标准的学习”，让每位教师每天的课堂呈现自己的个性，但又直指共同目标与核心价值。为此，学校组织力量为老师们提供细化标准，由此师生可以方便地确立学习目标。学校提供资源，这个资源包括工具箱和脚手架，也包括老师们共同开发的检测工具，而其间的教学和学习过程却由师生自主掌控，共同创造。不一样的学习、不一样的内容、不一样的教学个性，必然带来百花齐放的课堂、千姿百态的学习。这样一来，彼此互相分享借鉴，竞相成长，教学与学习的过程生态既英姿勃发又安全健康。

磨炼管理技能

一位优秀教师担任两个班级的班主任

1995年，有一位班主任老师新学期中途病休，他所任班主任的班级在同级中较差，没有老师乐意接管，我们想：“何不让一名优秀班主任来同时管理这两个班呢？或许会出现意想不到的效果。”果然，近半个学期下来，原来的“差班”一跃成为本级部八个班中的第三名。从结果看到教师素质的提高，更使我们考虑到：一位教师一个班级能管理好，两个班级，同样能管理好。因为在很大程度上管理两个班级比管理一个班级有更大的优越性，比如，两个班可以展开竞争，开展擂台对抗赛；可以丰富班级业余文化生活；可以扩大交流与合作力度，等等。鉴于这种认识和实践，我们开始让一位优秀教师担任两个班级的班主任，结果都取得较理想的效果。

当然，管理两个班，人多事杂，需要班主任有较强的组织、调控和分析问题、解决问题的能力，有高尚的思想品德、坚定的教育信念、家长心肠、多方面的兴趣爱好，学识渊博，业务精湛，善于交往，上进心强等。具备了这样的素质，担任两个班的班主任才能同担任一个班一样得心应手，也才能取得较好的教育效益。

让一位优秀教师担任两个班级的班主任是提高和磨炼骨干教师管理技能的一条有效途径。

今日反思

这种方式除了可以加速干部成长，还有一个问题值得关注：担任两个班的班主任，工作量并不是原有的两倍，甚至某些时候还减少了工作量。为什么？经济学中的边际成本这一概念给我们以启发。

边际成本被称为“增量的增量”，指的是每一单位新增生产的产品带来的总成本的增量，也就是增加一单位的产量随即而产生的成本增加量。在管理实践中，如果我们能够增加那些边际成本很小的工作量，如前所述的班主任安排，自然会降低管理成本，增大管理效益。

今天十一学校的选课走班也是同样的道理。虽然没有了行政班班主任，但是在学生的自主选择下，一位学科教师就要上 2 ~ 3 个教学班的课，每个教学班按规定不得超过 24 人，且这位学科教师不仅仅是只教学科，而是要与 24 位学生打交道。如果是上 3 个教学班的课，那么这位教师就要与近 70 位学生打交道。简单叠加而言，目前一个教师如同带了 3 个班级和上了 3 个班级的课，但他的工作量并非增加到三倍，教学效益反而会更高。

还比如，食堂打饭的师傅完全可以同时负责学生排队秩序，没必要专门安排老师检查；大门口的保安则可以检查、统计学生迟到、早退的情况，没必要安排专人负责在大门口考勤；负责“收藏十一”的老师兼做博物馆某一方面的馆员，也能省却互相交接带来的麻烦与差错。

昂起学校发展的龙头

教科所

“教而不研则浅，研而不教则空”已经成为教育工作者的共识。但是，认识归认识，要真正落到实处，必须加强机制建设，建立相应的机构。有了机构才能够壮大队伍、健全制度，保证教育科研的顺利开展。为此，我们成立了全省第一家校级教育科学研究所。

教科所的任务有 3 条。① 建立教育科研信息网络，为学校决策提供咨询。我们先后与市教研室、省教科所、中央教科所建立了联系，又与北京、上海等地 6 家重点中学建立友好联系，组成了纵横交错的教科研网络，畅通了信息渠道，扩大了信息来源。我们还邀请高校和科研单位的专家学者到校举办讲座，加大了学校教育决策和教育手段的科技含量。② 建立教科研队伍，全面提高教师的素质。我们现有专职科研人员 7 名、兼职研究人员 19 名、参与教科研的骨干教师 40 名，构成了专、兼、群结合的教科研队伍，有力地推动了教师由经验型向科研型的转变。③ 以课题研究带动教学改革，促使学校向更高层次发展。教科所出台了“教育科研课题规范化管理办法”，通过课题管理、课题研究，探讨教育教学规律，从而提高教育教学质量。

教科所的有效工作能够创造学校良好的科研气氛，能够在教学研究中不断增加科技含量，革除弊端，摸索规律。在学校发展中，教科研机构的建立是不可缺少的。

今日反思

对一所地处县城的中学来说，当时成立的教科所确实帮助大家打开了视野，对老师们在教研方面有许多引领。但那时的教科研，更多的还是“顶天”，对上级的课题、外地的经验等关注较多，在“立地”方面则关注不够，也就是对发生在校园里、课堂中有关教育教学的困惑、问题缺乏系统思考。

在今日十一学校的组织结构中，有一个组织的大脑，叫作“课程与教学研究院”。它协同全校教师开展校本研究，以育人目标为价值追求，在系统规划课程体系的基础上，各学科不断完善各自的课程与教学。这样的教育科研立足学生需求，关注学生成长，将教学完全融合在育人全过程中，实现了教书育人的有机结合。

另外，十一学校还形成了项目研究的机制。当遇到一个难点、痛点问题时，老师们就自发地形成项目组，项目组虽然是以问题解决为入口的，但始终伴随着科学研究。项目组会主动向课程研究院或学术委员会申报项目课题，通过立项，在自主确立的时间段里进行集中攻坚，发动同道之力跨年级或跨学科地展开研究，最终的研究成果既成为问题或痛点的解决方案，又形成了科研报告，有的还升格为市、国家级科研课题。这样的机制最重要的是改变了长期以来学校科研仅仅为了“顶天”，或者为了学校荣誉而申报课题，但与实践脱节的两张皮现象，每天自下而上展开研究的项目转化率很高。

为教育科研创造条件

“科研月”活动

“科研月”活动是我校为保证教育科研课题得以正常开展而制定的一项鼓励政策。承担教育科研课题的主要成员可以申请暂时脱产，在科研月里专门从事教科研活动，由学校安排其他老师代课。

获得“科研月”待遇的教师可以在这段时间里收集、整理科研资料，也可以到高校或上级科研部门寻求指导或查阅资料。在“科研月”里，教师根据需要还可以参加一些与本课题有关的学术会议。“科研月”中教师一切差旅费、资料费及会议费由学校负担，另外学校还根据科研课题的进展情况给予一定的物质奖励和精神鼓励。

“科研月”为一些热心于教育科研而又苦于教学工作繁忙的教师创造了时间条件，使他们在长期教育教学中积累的经验和已经形成的一些思想得以以课题研究的形式转化为科研成果。应该说他们的科研成果更接近学生，更切合学校教育的实际，也更容易被一线的教师所接受和采纳。“科研月”活动使整天与黑板、粉笔打交道的教师在时间上有了与专业科研人员一样的条件，其科研水平可以迅速得到提高。而且“科研月”后他们又将重新走上教学第一线，其科研成果也可以直接转化为教育教学质量的提高。

今日反思

这项福利一直没有得到老师的呼应，原因就是教学工作的特殊性。“科研月”耽误了一个月的教学，尽管可由别人分担，但责任终究还是自己的，所以，对绝大部分老师来说，把这一个月交给别人，真的不放心。

有条件的学校，编制相对宽松，骨干教师充裕，可以尝试“年度学术休假”制度，对一些具有自己的教学风格，在某些领域颇有建树的骨干教师、领军人物，可以在适当时候给他们一年的时间，用于梳理、总结自己的教学经验，深化、研究自己的理论主张，必要时既可以配以助理，也可以聘请相关领域专家帮忙。当然，对管理干部，如年级主任也可以用这种方式加速提升他们的水平。

但关键还在于日常的“教学—研究”机制的孕育与生长。如果老师们觉得进行科研是有利于高效教学的，即便没有学术假，他们也会兴致勃勃地展开研究。比如，在十一学校里，一开始由导师和咨询师发起了“学习路径研究”，目的是研究不同学生的不同学习方式。正是因为对这一问题有了聚焦点，大家集中时间进行了针对性阅读和实操性分析，结果发现每一个孩子都有自己的学习方式，顺着这样的学习方式就发现了不同类型的学习风格。而沿着“路径—方式—风格”继续“顺藤摸瓜”，教师们都能够找到最适切这一类或这一个学生的教学方法，一旦切入，非常精准，大大提高了教学效益。这就是科研带来的实际效益。

培养学科带头人

骨干教师读书班

“知识就是力量”，但托夫勒在《预测与前提》中讲这句口号已经过时了，在“知识爆炸、科学技术突飞猛进一日千里的现代，知识的知识才有力量”。他的话告诉人们：你掌握一点科学和技术，并不一定有力量，拥有驾驭、控制知识的能力，使知识得到更充分的发挥，这才有力量。

想想邓小平在《尊重知识，尊重人才》的讲话中提出的“教育要面向现代化，面向世界，面向未来”，其实质就是面向三个全球性的挑战，即我们的教育要面向现代化的挑战，面向世界的挑战，面向未来的挑战。“三个面向”中，现代化处在首位。教育要面向现代化，首先要完成教育者由“传统人”向“现代人”的进化，必须发生质的转变，而质变的核心便是人的“知识化结构”。要实现“先化人后化物”和“传统人”向“现代人”的进化，必然依赖于现代教育。而我国的学历教育，从某种意义上是一种“终端教育”，即一个人获得本科、硕士、博士学位的文凭，就可以“享用”终生，这显然不适应现代社会的飞速发展。因此，在教育改革不断深化的今天，广大教育者更新教育观点，更新知识结构，由“终端教育”向贯穿一生教育的“终身教育”转变，是目前加强素质教育的迫切要求。

为了提高教师的政治素质、教育教学和教育科研能力，我们开办了“骨干教师读书班”。“读书班”以学校教育科学研究所为龙头，编印《他山之石》等学习材料。学习形式以自学为主，辅以集体辅导，加强学习心得交流，采取

“请进来”和“走出去”等办法。“请进来”，即请高校或外地科研部门的教授或专家辅导；“走出去”，即出去参观学习或派教师到高校培训。目的是使骨干教师学习现代教育理论，了解和掌握本学科前沿知识，并借鉴外地先进经验，在教育教研方面成为品德修养高、有理论造诣、有学识见地、有专业特长的跨世纪学科带头人。

今日反思

尽管什么类型的教师都有必要读书，但成立一些骨干教师的读书班自有不同的作用。

现在的十一校园里有各种不同的读书研习组织。比如，“青年教师领导力读书班”，旨在将领导力引入管理，更是为了引入课堂，因为未来人人都是课堂上的领导者；比如，“马扎诺读书班”，则是围绕美国教学实践研究专家罗伯特·J·马扎诺的四本经典著作展开学习、研究和实践，以科学、有效地在课堂里实践基于标准的学习实验；比如，“元认知读书班”则是帮助老师学会认识自己的学习方式，进而更好地指导学生的元认知水平提升；比如，“围绕学生成长的咨询制度建设研习班”，则是为了从各种经验中汲取营养，构建我们自己的学生成长新体系。

当某些领域成为我们一定时期的战略时，读书班就要先行，去寻找制高点，明晰未来可行的路径，事半功倍。同时，读书班本身就是发现人、培养人的机制。对校长而言，始终有一种平台意识非常重要。各种各类的读书班，内核是学校未来发展的战略，导向是通过读书和分享获得集体智慧，产生专业交往，暗自涌动的还有在这样一个相对宽松、安全的平台上，谁更具有领导力、谁更有悟性等的行为表现也会自然显露出来。

提供成长环境

青年教师自修室

教师工作的对象是一些有着不同年龄、性别和个性品质的活生生的人，并且他们又是在不断地成长着。“人才之不齐”就要求教育要“多术”。只是照本宣科地讲好课是不够的，现实对教师提出了更多、更高的要求。

一位优秀的教师应该有多方面的、高层次的修养。我们学校青年教师占总数的一半以上，他们是学校教学队伍的中坚力量，是学校未来的希望。为使他们更好、更快地成长，“青年教师自修室”应运而生了。

自修室形同阅览室，除配备较为齐全的教师教学备课参考资料和涉及自然、社会等各个方面的丰富图书外，还设有投影仪、录音机、电视机等教学器材，并配有与教学相关的音像带等软件资料。一切设施都为提高青年教师业务水平、思想修养服务。

自修室设立后，青年教师的业余时间约有70%在这里度过。他们说，踏进自修室，马上会感到自己学识的不足和视野的狭窄，浓郁的文化、学术氛围能激发出自己对知识的渴望和学习的动力。是的，这里没有繁华，远离喧嚣，却有更高的人生境界。门旁张贴的横幅——“你想缩短成为名师的时间吗?请到自修室来”便是明证了。

自修室设立两年来，大批青年教师脱颖而出，跻身于学校名师推动工程的行列。

今日反思

今日网络背景下，自修室不是最重要的了，但青年教师的培养同样任重道远，意义非凡。

一个教师如何获得持续的专业成长，他的专业生活方式起着决定性作用。

我们专门为青年教师确定了必读书目，既有课程与理论的名著，如《课程与教学的基本原理》《教育学讲授纲要》《教学的艺术与科学》，也有跨界名作，如《领导力》《定位》《卓有成效的管理者》，还有各学科专业方面的专著。

既可通过各种方式分享他们的读书心得、嫁接实践、拓展创新来推动读书的深化，也可通过自主选择的方式，在一定时间内形成一个团队，开展共读一本书活动，在大体相同的学习进度下，大家定期交流；也可围绕某一问题的解决，形成一个读书小组，大家寻找不同的书，都是为了这一问题的解决，分享不一样的智慧。

另外，可以提供一些温馨的自由空间，方便老师们聚会，如小型阅览室、咖啡厅，或者将餐厅的桌椅装配得更加舒适，这对教师的分享、互动有很好的效果。

给青年提供学术空间

青年教师论坛

一般情况下，学校的教研活动，多是以骨干教师或以老年教师为主。实事求是地说，很少有青年教师，特别是刚参加工作的青年教师的发言机会。这种情况，很不利于青年教师的成长。

针对青年教师学术活动空间比较狭窄的实际情况，我们以校教科所为龙头，成立了青年教师学术委员会，开设了青年教师论坛。

学校的这项决定，立刻得到占教师总数 60%的青年教师的热烈响应，他们以极大的热情投入到这项活动中来。

学术委员会主动地邀请学校骨干教师、优秀班主任举办学术讲座和教育理论研讨班，把教学理论与教学的具体实践相结合。学术委员会还组织广大青年教师互相听课、评课，气氛非常热烈。学年开始的时候，还组织刚踏上讲台的青年教师举行了“开好头起好步，走好自己人生路”的演讲比赛，师德教育的效果显著。

毫无疑问，青年教师论坛给广大青年教师提供了广阔的学术活动空间，能够尽快地使一批青年教师脱颖而出。目前，我校有两位教龄四年的青年教师获潍坊市高中教学能手称号，一位五年教龄的青年物理教师在省高中物理优质课评选中获奖，青年教师在市级以上刊物发表教学论文 30 多篇。

今日反思

现在十一学校每年的教育年会，为青年教师设立专场，他们的报告各领风骚。他们尽管在传统的教学基本功上仍需时间的锤炼，但现代教学基本功却优势彰显，尤其是在信息技术、网络工具、游戏化的研究及运用方面，与学生的兴趣密切呼应，课堂教学发生了巨大变化。在为他们专门设置的“新手发布”专题论坛上，则看到许多与传统教学迥异的创新之作。“青年教师教学研讨”，也不是简单地课堂教学展示，而是全方位、多维度地深入探讨教学与学习互动的本质。

今天的青年教师，已经不是传统上中老年教师的过去时，他们既有稚嫩，也有早已超越中老年教师的创新和成熟。给他们搭建展示的平台，有利于校园教育教学生态的健康成熟。

让新教师更快地成长（一）

见习班主任制度

设立见习班主任是为了使新教师更快地进入教师角色，让他们更多地了解学生的一种办法。见习班主任一般由当年新分配来的大学毕业生担任，学校鼓励他们勇挑重任，也对他们抱以信心和期待。为有利于他们迅速成长，学校为他们在本级部找一位经验丰富的老班主任做他们的导师，因此，这些青年班主任便被称为见习班主任。

见习班主任的变化是令人欣慰的，担任这项工作的青年教师在班级管理中迅速成长起来。见习班主任年轻好胜，精力充沛，他们几乎把所有时间都投入到学生工作中，与学生同吃同乐，与他们交流思想，班级工作做得很见成效，自身教育教学的能力也在实践中得到很快提高。在学校组织的运动会、演讲比赛、广播操比赛以及优质课评选中，年轻的见习班主任及他们所带领的班级频频在领奖台上亮相。

见习班主任制度的成功之处在于信任青年教师，敢于让他们承担责任，给予他们锻炼、成长的机会。青年教师思想新、点子多、有朝气，他们比老教师更容易与学生沟通和接近，让他们担任班主任工作，还会激发他们的自豪感和责任感，使他们在教育教学工作中表现出更大的热情和积极性。另外，青年教师担任班主任，还能促使他们主动向有经验的老教师请教，在实际工作中尽快地走向成熟。

今日反思

见习制度也是一种师带徒的方式。在教育教学领域，师父带徒弟的方式是行之有效的。教师的成长最有效的办法，是通过解决遇到的现实问题，经过师父传授解决问题的方法、策略，解剖其中蕴涵的道理、诀窍，在这个过程中少走弯路，自我升华。

因而，无论是新教师还是新任某一岗位的教师、员工，我们大都为之选择一位师父。年级主任在高一到高三一个学段的循环中，必须聘请做过年级主任的师父；学科主任、教研组长同样需要三年期的师父；即使办公室的文书、教导处的考务、总务处的维修，也需要一定时间的师父引导。

让新教师更快地成长（二）

青年教师进修班

从我们学校教师的人员构成来看，存在严重的年龄比例失调现象。200多名教师，45岁以上的教师不到20人，35～45岁的教师不足70人，其余大部分教师都是35岁以下的青年教师。近几年由于学校规模扩大，又接收了一大批刚毕业的大学生。青年教师虽然精力充沛、工作热情高，但也存在着工作经验不足、业务水平不高的问题。

针对这种现状，我们成立了青年教师进修班。进修班学员主要面向参加工作三年以内的青年教师，争取在一到三年内，让这些教师通过学习与实践，达到合格教师的基本要求。

进修班采取集体辅导（专家、有经验的老教师讲课和看教学录像）、分组交流讨论和个人自修相结合的办法。每月第一个星期五晚为集体辅导时间，每双周星期四晚为学科组集体学习时间，重点学习和交流本学科课堂教学的内容，并进行课堂教学评课活动。此外学校教科所还为青年教师提供必要的学习参考书，学员可以随时借阅。普通话培训和微机培训也是进修班的一项内容，培训结束根据考核成绩发给普通话合格证和微机培训合格证。成绩不达标的要继续参加下一期培训班。

青年教师进修班为青年教师创造了学习提高的环境，同时也给他们施加了压力。因为学校规定，凡进修结束达不到考核要求的教师将自动离岗，自谋出路，待教育教学水平达到规定的标准后方能参加第二年的教师聘任。

今日反思

现在十一学校的青年教师培训，除一定的必修课，如教学基本功、学校行动纲要和章程的解读等，大量的都是选修。在学校组织的各种学习培训活动中，教师自主选择需要和喜欢的课程，但每年度必须达到一定的学分。这样“必”“选”结合的方式相对更具有实效性。

另外，十一学校青年教师的新师徒制也是在新时期的一种创新。让新教师或青年教师梳理最困惑的问题，然后在全校范围内寻找师父，并组成采访小组对师父们进行访谈，师父们则需要拿出最有效的招数提供给青年教师尝试，最终最有效的方式就被列入《初职教师20个怎么办》之中成为每一届新教师的培训教材，并可以迭代更新。

从表面上看，这种让新教师请教“师父”、寻找问题答案的方式并没有什么新意，但它的生长性却令人喟叹。与传统的教师培训方式相比，其根本的变化来自供需对接的开放性，以及由此而生的“双赢”的特征。

当一位新教师可以面向全校教师甚至在更大范围内请教“师父”的时候，他的问题生成就会更为大胆而开放，他的成长渴望就会愈加“可求”且“可遇”。当一位被请教的“师父”面临着随机性的请教者以及随机性的问题时，其长期积累却又沉睡很久的经验就可能在挑战中被激活，至少，他必须在应对中对已往的经验加以抽象概括。而尤为重要的是，在与更多样的“徒弟”的碰撞中，“师父”们能深切感受到自身经验的广泛价值，这有利于他们强化积极的自我概念，升华经验，深化思考。

总之，当教师培训的供需关系摆脱“你需我供”的单向输出式的传统路径、形成“双赢”的对接闭合系统后，我们的学校管理才是可持续的。

关心孩子也是关心教师

教工子女阅览室

作为一名教育工作者，教师不仅要关心学生的成长，还要关心子女的成长。我们学校，许多教师关心学生胜于关心自己的孩子，这种精神固然可嘉，但若忽视了对子女的辅导，也十分不应该。为了解决这个矛盾，学校新开辟了“教工子女阅览室”。

图书馆负责为每个教工子女办理了借书证，根据小学、初中和高中不同阶段的学习要求，购置了课外读物、学习材料，每到星期日，教工子女就可以到阅览室读书，或者到“有声阅览室”听录音、看与学习相关的录像节目。

为了搞好这项活动，我们专门安排有关学科的骨干教师，根据教工子女的学业情况，编定辅导计划，循序渐进地指导孩子们读书、写读书笔记、写读书心得等。

这项活动，学校投入并不多，只不过是利用我们学校的优势，为教工做了应该做的事情，但是收到了很好的效果。首先是解决了教职工的后顾之忧，其次是扩大和丰富了孩子的知识面，因为辅导这些孩子阅览的毕竟是我们学校的骨干教师。

今日反思

现在的十一校园里仍有一个教工子女书屋，是针对幼儿、小学生办的。孩子下午放学后，可以去阅读或活动。除了图书，书屋里还有玩具。

工会还为教工子女办了许多业余时间和节假日的兴趣班，如舞蹈、绘画、书法、游泳、拳击、机器人等，这样既方便了老师，使他们不再为孩子费心，也可以省一些在校外报兴趣班的费用。

另外，我们还会每学年表彰一些优秀的教工子女，张榜公布并举行隆重的仪式，这些都会起到多向效应，既给教工子女以荣誉感，同时也为作为家长的教师分担了一些教育责任。

保护健康，也是保护积极性

“特殊职责”

学校实施内部体制改革之后，老师们的积极性空前高涨，以至于我们不得不给有关部门订一些“特殊职责”。

有一些老师病了，用晚上的时间在卫生室打吊针，腾出白天上课。还有的已经临产的女教师在冰天雪地的天气里，不能骑车子，就一步一滑地走好长时间来上班，有时候就干脆住在学校。

这些事情实在让我们感动，也愈加使我们感到了责任的重大。没办法，我们只好给卫生室制订了两条“特殊的职责”。第一，遇有教职工病号，必须在半小时内通知到病人所在工作部门，以便安排休息；第二，遇有冰雪天气一律由卫生室提前通知已怀身孕的教职工休班，并负责监督她们休息，以防上班路上出现意外。

这两条“特殊职责”一制订，各部门也纷纷效仿，如教导处给值班人员制订了晚上 11：00 清理教师办公室的职责；总务处则规定每个病号所在部门的负责人必须根据病人喜好给食堂提供病号饭的两个菜的菜谱等。

“特殊职责”起到了特殊的作用。

今日反思

“特殊职责”的背后是管理转型，变管理为服务。

类似的“特殊职责”已经成为十一学校管理者服务意识的文化自觉。尽管有些“职责”并不是硬性规定，但关心老师们的生活，关心他们的健康成为大家的自觉行动。老师们家庭成员的健康、子女就业，学校也会力所能及地提供帮助。这些职责看似特殊，其实恰恰是管理者的要务。

图书在版编目（CIP）数据

教育艺术随想录 / 李希贵著. —北京：中国人民大学出版社，2017.8
ISBN 978 - 7 - 300 - 24729 - 8

Ⅰ. ①教…　Ⅱ. ①李…　Ⅲ. ①教育—文集
Ⅳ. ①G4-53

中国版本图书馆CIP数据核字（2017）第 187304 号

教育艺术随想录
李希贵 著
Jiaoyu Yishu Suixiang Lu

出版发行	中国人民大学出版社		
社　　址	北京中关村大街 31 号	邮政编码	100080
电　　话	010 - 62511242（总编室）		010 - 62511770（质管部）
	010 - 82501766（邮购部）		010 - 62514148（门市部）
	010 - 62515195（发行公司）		010 - 62515275（盗版举报）
网　　址	http://www.crup.com.cn		
经　　销	新华书店		
印　　刷	北京华宇信诺印刷有限公司		
开　　本	720 mm × 1000 mm　1/16	版　　次	2017 年 11 月第 1 版
印　　张	21.5　插页1	印　　次	2024 年 6 月第 12 次印刷
字　　数	300 000	定　　价	68.00 元